Y. 4882  Reserve

Ye

6.

# LES OEVVRES

POETIQVES DE CLOVIS
HESTEAV SIEVR DE NVY-
sement, Secretaire de la chambre
du Roy, & de Monsieur:

*DEDIEES A MONSIEVR.*

A PARIS,

Pour Abel l'Angelier, Libraire, tenant sa
boutique au premier pillier de la
grand' Salle du Palais.

1578.

AVEC PRIVILEGE DV ROY.

# EPISTRE A MONSIEVR.

ONSEIGNEVR ie serois trop
indigne de voir,
Le grand astre du iour, & les a-
stres du soir,
( Si les Muses pour ioindre vn
Laurier à ma temple,
Ont daigné me sacrer prestre de vostre temple:)
Ie m'emplumois les bras de ce liure immortel,
Qu'humble & deuotieux i'appens à vostre autel.
Affin que sous vostre œil audacieux il volle,
Tel qu'un Aigle indompté sur l'vn & l'autre Pole.
Et que la renommee ayant ællé son dos,
L'vn de l'autre à l'enuy chantent vostre beau los.
 Donner des vases d'or, tuer aux sacrifices,
Cent Bœufs, ou cent Brebis: ne rendent plus propices
Les iustes deitez, que la fouace, ou le laict,
Ou la cire, ou le miel, ou le tendre agnelet,
Qu'vn pauure laboureur pour victimes leur donne.
Car les Dieux n'ont plus cher le Sceptre, & la courōne,
Du superbe Empereur: que le cueur, & la voix,
Du simple pastoureau qui vit hoste des boys.
 Donc puis qu'icy des Dieux vous estes vne image,
Receuez l'humble vœu de mon humble courage:
Lequel (cōme vn ieune Ante anáce au fruict premier,

ã ij

L'espoir de sa valeur:lors que fait arbre entier,
Il accroistra son port.) en naissant vous presente,
Ce Liure,où vous peindrez vne table d'attente,
Tu fruict qu'auec mes ans, ma vie, & mes labeurs,
J'immolle pour hostie aux pieds de voz grandeurs.

## AD ILLVSTRISSIMVM
### DVCEM FRANCISCVM
Regis fratrem.

AXIMA *laus fratrum par nobile semideorum,*
   *Quos concors pietas iunxerat, atque fides.*
CAROLVS *auspicium dans fratri in bella secundum*
HENRICO, HENRICVS *fratris in arma fidem.*
*Nunc quoque par fratrum parili pietate duorum,*
   *Quales Tyndaridas fama fuisse refert.*
*Hinc patris* HENRICVS *nomen sortitus & omen,*
*Illinc* FRANCISCVS *nomen & omen aui.*
*Qui, quam maiorum virtus per secula famam*
   *Quæsiuit Gallis, hanc periisse vetant.*
*Dum patriã* HENRICVS *foelicibus asserit armis,*
                                            FRAN-

FRANCISCVS *fratris dum vice bella gerit.*
*Quæ par & pietas, & felix gloria fratrum*
 *Carmine Musarum digna perenne cani,*
*Ne pereat longi consumpta à dentibus æui,*
 *Sed magis inque dies floreat inque dies:*
*Tu* FRANCISCE *tua Musis pro parte faueto:*
 *Quique colunt illas, semper egere veta.*
*Commendétque tuus Regi fauor vsque poëtas,*
 *Qui, Ducis & Regis nomen ad astra ferant.*
*Vel potiùs referant vos sidus in astra gemellum,*
 *Tyndaridas veteres vt retulere duos.*
*Non vice vt alterna vobis sit casus & ortus,*
 *Vestra sed æterno stella nitore micet:*
*Gloria namque tui fratris, tua gloria fiet:*
 *Tu fratris viues laudibus, ille tuis.*

       *Jo. Auratus Poëta Regius.*

## AV LECTEVR
### Salut.

Ie me suis auisé de tesmoigner en public ce qu'en priué i'ay libremēt decelé : affin que quelque critic denué de candeur,(m'accusant de son propre peché) me notte d'ingratitude vers aucuns poëtes tant Grecs, & Latins ouïs sous Monsieur d'Aurat mō precepteur, que des plus dignes Italiens, & François : desquels admirant les œuures, i'ay tasché retracer quelques traits. Voyant que les anciens se sont librement iouez des inuentions les vns des autres, comme Hesiode qui en son ASPIS (que i'ay imité en François) n'a fait que rebattre le bouclier d'Achille forgé par Homere : & si tu en desirois d'autres leurs liures t'en pourront assouuir. Ie te prieray donc ne t'offencer des vers que tu trouueras icy imitez ou enrichis par mes estudes de la despouille d'autruy, le crime auoué sans gesne est digne de plus douce peine. Si tu daignes lire mes sonets, tu y trouueras des inuentions de Messieurs de Ronsart, & de Bissi, ausquels i'en rends & rendray l'homage deu : Ceux qui auront curieusement leu leurs amours les pourront choisir. Et si tu en trouues cinq ou six de Petrarque il ne te coustera non plus de me pardonner tout ensemble. Receuant le reste de telle affection que ie te l'offre pour gaige de quelques plus dignes tableaux que ie te descouuriray dans peu de temps. Adieu.

IN

## IN CLODOVEI NYSO-
mantij opera poëtica, Epigramma.

*Nysa Iouis prolem Dionyſion eſſe fatetur,*
  *Quem peperit patriis ignibus iſta parens.*
*Te ſobolem Bacchi Nyſomanti probauerit ipſum,*
  *Quod tribuit nomen Bacchica muſa tibi.*
*Non igitur mirum ſi te furor igneus vrget*
  *Jam iuuenem, iuuenis Bacchus in igne fuit.*

　　　　*Joannes Auratus poëta Regius.*

　　　ΕΙΣ ΑΥΤΟΝ.

Αὐρηλιὴς πρῶθν, μούσαίς τε συνέστιος οὔης
  Φοιβογενὴς κούρας Κλώθεις Ἐταῖος ἔφυ,
Δείγματα πολλὰ φυῆς φρενοθελγέος ἐσθλὰ δεδακώς,
  Κηδεμόνος μεγάλου τῶ χάριν εὗρε φίλω.
Καὶ φιλόπατρις ἐὼν πολυηχέϊ φθέγξατο λαιμῷ
  Τῆς αμαθυνομένης τὰς συναχὰς πατρίδος.
Μείζονα σκεπτόμενος νόον ἔνθα κ' ἔνθα κραδαίνε.
  Πλαοτέρης συρίης ἔλλαϐε γυῖρυ ἔρος.
Δέξατο φλεγόμενον πρὸ φίμαν ἄκου χεύσος ἀνηρ,
  Αμφοτέρης μούσης κυδος αφράμενος.
Τοῦδε πολυγνάμπταν κύκνος απέπατο κόλπων,
  Ἔμπλεος αμϐροσίης ὄρνις αοιδότατος,
Ὑψιπετὴς ἀτρεμὴς τε μετάρσιον ὄμμα τιταίνη
  Εἰς καθαρὰς αὐγὰς ναλεμές ἡελίου.
Φέσος ὑπὸ κραδίιω διδαχῆς ἄσϐεστον ἀνάψας,
  Μέλψεται ἡρώων ἔρχα διοτρεφέων,
　　　　　　　　　　Ν. Γαλόνιος.

## IN CLODOVEI NYSOMANTII opera poëtica, Carmen.

*Auratæ Phœbi citharæ Nysomantius hæres*
  *Dum mulcet lyrico saxa ferásque sono:*
*Vt nouus Alcæus teneros modulatus amores,*
  *Solatur curas per noua plectra suas.*
*Impia dirarum resonat dum sacra magarum,*
  *Medeæ furias canidiæque canes:*
*Alter vt Oeagrius mysteria barbara vates*
  *Cantat ad Argoos per freta longa duces.*
*At dum facta Ducis celebrat, dum bellica Regis,*
  *Qualis & Atridæs, qualis & Æacides:*
*Tum noua lis oritur superis: sibi Cypria vatem*
  *Vendicat hinc, illinc Mars Hecatéque triceps.*
*Jupiter vt sistat certamina tanta: poëtas*
  *Quærite vos alios hic meus, inquit, erit.*
*Rex ego sum superum, regum mihi cura potentum:*
  *Regius est vates, regia bella canens.*

*Ludouicus Balsacius Ruthenensis.*

# IN OPERA NYSOMANTII I. D.
### PERRONII REGII PROFESSORIS ODE
### ad numeros Pindaricos.

ςροφ. α. κῶλ. ς.

Ἔὔξοον λαφνισκιαρᾶν ἀπὸ βάασκν πκασάλκ
αἴνυμοι ὔξον χλοάζοντες πυλάμηφι τανύασαν,
ῥίμφα δ' ἀπ' ἰολόκης φανᾶν βέλος ἕλξας ὑπαγ
κανίᾳ, ςρωμνᾶς διοιςδύσων
ἐπ' ἰσαμερινᾶς τὰν γλυφί
δ' εἰρύσω ἵπτοσκόμενος,

ἀντιςρο. κῶλ. γ.

φόρμιγος τ' εἰδότα φωτά κλείξαν ἅλικα
κ̓ θεοῖς χρίμφθει τι τρηλώχιν βέλος τονῦ χεπλύ
φθενα κριῦ πολυχρύσου ἄγχι κατασεερίσω,
ἄρτι 'πι κρημνοῖς λιγυρὸς χαίταν ἄν
δισάμενον τῷ ἔνει,
φωνᾶ ἁρμόξαντα χέλω.

ἐπωδ. κῶλ. θ.

πεπνυμλίος δ' ὃ φυᾶ, κ' ἄ
βαρύν ἐτζλεν ὁδὸν,
οὐχ ἔτι νῶϊ λαχυὰ ἔρεψε γένδον, χερσόθε,
ἄνθεμα δ' αἰνέομεν,
καὶ σευόμενον δέμας ἵπσον
ὄντ' ἀκέντητον, ὑπὲρ
κεντρηνεκέ. οὐδ' ἄρκιο' 'κεῖ
νος λεου μάτω χρεά, παπάνας ἐ
ολπεῖ δὲ πόρσιον, χείρανος ἀφιξόμενος

ςροφ. β. κωλ. γ.

ἄντροθεν, εἰπαῖς διέπλωσε ζάλας παῖδας δ' ἅλι,
ἀέων πρὸς' κυρσας θυόρμω λιμένι χθονὶ ἀιη
τα χθονὶ χρυσέα αὐρᾳ ρυ, πέλασκις τ' ἀρότρα
ἱφιβὒς σκιμφθεντι, μηδείας φρᾳ δίαις
εἷλε κρεμιᾶν ἔντερος
χρύσεοις οἷον θύσ ανοις

ἀντιςροφ. κῶλ. γ.

κώας ἃ χρυσῷ ἐπὶ κόλλοτι ἄπλαν θυσρέφη
ἔντερ' ὑμνεῖ λαχέτας τέχναισιν ἀνερέκομαο.
τ' ἀλα τ' θυμαρέα βαλαῖς, φανθ' ἁλιέρκει μὲν
θησί' ἐν κρήτη ἐφετμαῖς παρθένο
μοῖραν ἀφύξαντ' ἄνε
λίξαι μιν ρυ ἀγαλιθα.

ἔ

ἔπω καλθ,
νείσεται ἴλαος ἥρως
νῶτα δρά̣κοντα πεφρί
κοντα πτεροῖς, καὶ μεμαῶτα γνάθ&ς πᾶσ᾽ ἀμφελί
ξασθαι ἁμὶν ἀπὸ
πλίξαν, τεὰ χρύσεα χρυσῷ
σων ἰάνοντ᾽ ἔνπεα,
φόρμυγγα πεάν, ἔντερα δὲ
θύς τρέφει, μᾶλλον δὲ ζώναν, Ἴρις ὅτε
χρύσεος χρυσέοις σανεῖς ἔπεσ᾽ Ἡρακλέι.

## IN OPERA POETICA NY-
### SOMANTII EIVSDEM I. D.
Perronij Hendecas.

Hortulos niueos, amœnulósque,
Nacta apecula verculúmque sudum,
Squamis aureolis ouans coruscat,
Exultimque roseta purpurata
Librata aureolis pererrat alis,
Flosculósque inhiante rorulentos
Oscillo aureolo aucupata, rauco
Murmurat strepitu, aureáq; nutu
Pinnulæ tremulo susurrat, alæ
Plangori socians canora vocem:
Insiditque rosis, sagax, thymísque
Prolibátque, pusillulóque rostro
Legit lactea serta, gemmulásque
Sugit lucidulas, metítque flores,
Melleis lita guttulísque crura
Apes, floridulóque pasta rore,
Apes roscidulóque pasta flore
Domos pumiceas, fauosáq; pinna

*Cereos repetens, onus recondit*
*Conditóque liquore, conditoq́;*
*Stipat prouida cellulas, ut inde*
*Promat aërios cibos in usum.*
    *Sic vocem Nysomantius maritat*
*Lyræ, peruolitátque doctiorum*
*Serta florida suaue condiens mel:*
*Sic api similis poëta factus,*
*Non sibi similis magis poëta*
*Quam flores niueos api legenti.*
*Tota hæc aurea flosculis onusta,*
*Totus aureolus tuis poëta*
*Aurate auree, flosculis onustus:*
*Tota hæc mellea, melleus poëta,*
*Condit melliculum illa, condit ille*
*Versus molliculosq́ue, melleosque:*
*Hæc fragrantia mella pandit, ille*
*Thura expansáq;, cinnamumq́; profert.*
*Sic api similis poëta factus,*
*Non magis similis sibi poëta*
*Quam api, mirũ equidẽ! magisq́; mirum*
*Esset, si aurea mille in alueis, huic*
*Vna apis similis foret poëtæ.*

                ẽ ij

## SONET.

Mouches que le matin abbreue de ses pleurs,
　Mesnageres de l'air dont la bouche amiellee,
　Succe friandelette vne manne perlee
Pour confire son miel en baisotant les fleurs.
Mieux que vous Nuysement pille sus leurs couleurs
　Ses vers plus miel que miel! vous tenez recellee
　La douce humeur du ciel en perles decoulee,
Il offre' liberal ses bruuages meilleurs.
Vostre ouurage est petit, vous estes mille abeilles
　Pour vne ruche, & quoy? si vous estiez pareilles
　A luy qui du torrent de sa mielleuse voix
Remplit toute la France abbreuuee en son onde,
　Vous empliriez la ruche à mon aduis cent fois,
　Ou la ruche seroit plus grande que le monde.
　　　　　　　　　　　DV PERRON.

## IN CLODOVEI ETHEI NYsomantij carmina amatoria I. Riuassonis, Epigramma.

Non ita oloriferi resonat sacra ripa Caystri,
   Vicinum deflet cum sua funus auis.
Non ita desuetis mater nimis ausa querelis,
   Integrat absumpti fata cruenta Itydi:
Qualiter exhaustos duro sub amore dolores,
   Flebilibus renouas Ethee docte sonis.
Non tot Carpathio voluuntur in æquore fluctus,
   Non Euros etiam tot fera mittit hyems:
Quot lachrymas, & quot crebro suspiria motu,
   Traxisti, dominæ iussa superba querens.
Illa tamen solitò non facta est mollior istis
   Questibus, at ferro durior, & chalybe.
Sed tu synceri mirandum exemplar amoris,
   Soluisti in laudes integer ora suas.
Vana tui gemitus nullis vt gentibus vnquam,
   Vox foret, ardoris surda vel historia.
Qualis quæ rapido subiecit Pergamon igni,
   Alciden proprijs imposuítque rogis.
At tua dissimilis Phrygiæ fortuna ruinæ,
   Oeteam melius visa referre pyram.
Diruta nam cecidit nulli instaurabilis olim
   Troia, Mycenæa dilapidata manu:
Tu velut Alcides claro fruiturus Olympo,
   Arsisti, longùm viuidus igne tuo.

## SONET SVR L'ANAGRAME
### DE L'AVTEVR.

Le ver qui sçait filler plus delié son estame,
  (Que la fiere aragné:) à sa trame pendant,
  Nay d'vn germe menu croist la feuille rongeant,
Des amans consommez par le Lion infame :
Puis baslit sa fusee, & œuurant tant s'enflame
  A son tapis velu subtil le façonnant,
  En tel trait Damasquin qu'on luy va ordonnant,
Qu'enfin ællee au Ciel s'enuolle sa belle ame.
Le deuin de sa mort d'vne coque d'œuf né,
  D'œuf se fait vn poucin, & de poucin, orné
  D'vn blãc duuet, son chant hausse iusques au polle.
Socrate vit dormant vn signe à luy donné,
  Pousser iusques au Ciel vn chant haut entonné:
  Et veillant i'en voy vn qui vif HAVT ES
      CIEVX VOLLE.
Jean d'Aurat poëte du Roy.

### SONET.

Comme le peintre expert monstre son excellence,
  Au crayon seulement: & par les premiers traicts,
  Faict iuger de combien en ses labeurs parfaicts,
Admirable est sa main, son art, & sa science.
Ce craion tout ainsi qu'ore ta main commence,
  Auquel ton rare esprit au vif tu nous portrais,
  Suffiroit pour te rendre admirable à iamais,
Seruant & de merueille, & d'honneur à la France.
Mais ton esprit, ton âge, & les saintes fureurs
De Phœbus, & d'amour, d'autres plus grãds labeurs
Nous promettent encor pour mieux te faire viure.
Ceci

Ceci donques ne soit seulement qu'vn crayon,
  Pour iuger ( comme on dit aux ongles le Lion)
  Tes ouurages plus hauts qui cestuy doiuent suiure.

### SONET.

Ayant d'vn feu sacré ta belle ame enflamee,
  Vniquement nourri entre les doctes sœurs :
  Ton esprit assouui de leurs graues douceurs,
Fait rouler maint torrent de ta plume animee.
Ore d'vn vers sanglant, & d'vne voix armee,
  Tu emplumes le los de noz Princes vainqueurs.
  Puis esploràt la France engraues dans noz cueurs,
L'horreur du feu cruel qui la tient allumee.
Noz Princes par tes vers ont un immortel los,
  La France par tes vers iouït du cher repos,
  Que tu luy as predit comme vn oracle antique :
Noz Princes mis au Ciel te doiuent guerdonner,
  La France mise en paix te doit donc couronner,
  L'vn d'vne masse d'or, l'autre du boys Delphique.
                I. de Boissieres. M.

### SONET.

Qu'on ne me chante plus les merueilles d'Orphee,
  Ny des deux Coturnez les sanglantes fureurs :
  Qu'on ne me vante plus les immortels labeurs,
Qui du Meonien redressent le Trophee.
Que du triste Romain soit la plainte estouffee,
  Que du triste Tuscan on celle les douleurs :
  Bref qu'on n'esgalle point ny fureurs ny douceurs,
A celles dont ta Muse vnique est estoffee.

*Graue, doux, copieux, tu depeins en tes vers,*
    *La sanglante Ennion, Amour, & l'Vniuers:*
    *Tordant de trois rameaux vne triple couronne.*
*Du mirthe Paphien ton front est ia orné,*
    *Du laurier Delphien le mirthe est entourné,*
    *Et l'Hierre Indien tous les deux enuironne.*
                            *Titasson.*

## SONET.

*Ore mon Nuysement ore il te doit suffire,*
    *De te voir au sommet du rocher Thespien :*
    *Et ioignant à ton front l'honneur Thessalien,*
    *Attacher les humains aux langues de ta Lyre.*
*Quelle lame d'airain, quel bronze, quel Porphyre,*
    *Quel acier, quel metal, quel marbre Parien,*
    *Resisteront au temps : quel labeur que le tien,*
    *Pourra estre la table où ton nom se doit lire.*
*Le haut Ciel qui te fait (en naissant des derniers)*
    *Heureusement iouir de l'honneur des premiers :*
    *T'a construit le Theatre & l'arche de ta gloire.*
*Car tout ce qui a corps en ce large vniuers,*
    *Deuiendra terre & eau : mais l'ame de tes vers,*
    *Immortelle viura au sein de la memoire.*
                *Hugues de Guillermin Francontois.*

## SONET.

*Blois a l'honneur d'estre le nid des Roys,*
    *Et la premiere escolle d'vne dame :*
    *Ronsard poussé d'vne amoureuse flame,*
    *Emplit ses vers de nos beautez de Bloys.*
                                        *Mais*

Mais tout nostre heur ne despend de la voix,
D'vn seul Ronsard: quelque aussi gentille ame,
Rauie au Ciel d'vn suiect qui l'enflame,
Comble d'honneurs nostre païs Blaisois.
C'est Nuysement qu'vne belle Telie
Emplit de feu, pour suiure le trouppeau
Des saintes sœurs de la docte Thalie.
Et dont l'esprit fait vn astre nouueau,
Ornant le Ciel de son lustre plus beau,
Luict au sommet du mont de poësie.
                    Iean Allaire Blesien.

## SONET.

Certes mon Nuysement il faut que ie te die,
Que i'ay creu iusqu'icy que RONSARD nous seroit
Vn vnique flambeau: & que seul il feroit,
Viure France en ses vers d'vne eternelle vie:
Non la France, ains l'Europe, & l'Afrique & l'Asie,
Tant qu'esgallant les Dieux sa grãdeur germeroit,
Telle que sur son front pour iamais se liroit,
Ie suis seul pere & fils de l'art de poësie.
Mais si tost que i'ay veu tes esprits si bien nez,
Riches de tant de biens que les Cieux t'ont dõnez:
I'ay dit à son idolle, en brisant ma sentence.
RONSARD si tu es né pour n'auoir vn pareil,
Puisque la Lune luit au deffaut du Soleil,
Fais qu'vn seul Nuysemẽt esclaire en ton absence.
                    R. du Iardin.

ĩ iij

## SONET.

Antres obscurs torrents impetueux,
   Arbrisseaux verds fontaines argenteuses,
   Taillis rasez & forests umbrageuses.
Chesnes branchus, rochers audacieux.
Oyseaux aellez, boccages gracieux,
   Monts esleuez, campagnes spacieuses:
   Ruisseaux lazards, dont les eaux sablonneuses
Peignent l'esmail d'un pré delicieux.
Puisque banny des beaux yeux de Telie,
   Il verse en pleurs sa languissante vie.
   Antres, torrents, ruisseaux & fontaines:
Taillis, forests, chesnes, rochers, oiseaux,
   Boccages, monts, campagnes & ruisseaux,
   Racontez luy ses solitaires peines.
                             *I. D. P.*

# EXTRAIT DV PRIVILEGE.

Ar grace & priuilege du Roy, il est permis à Abel l'Angelier Libraire, d'imprimer ou faire imprimer & expofer en vente, *Les Oeuures de Clouis Hefteau Sieur de Nuyfement*: & eft deffendu à tous Libraires, Imprimeurs & autres de quelque qualité ou côdition qu'ils foient, d'imprimer, vendre ou diftribuer lefdictes Oeuures, finô que celles qu'aura faict imprimer ledict l'Angelier iufques au temps & terme de neuf ans. Et outre eft permis qu'en mettant au commencement ou à la fin dudict liure ce prefent extrait du Priuilege, il foit tenu pour deuemét fignifié à tous tant de Paris, Lion, Rouan, & autres villes de ce Royaume comme plus amplement eft declaré és lettres patentes, donnees le 22. de Nouembre, 1577.

SIGNE LE BOSSV.

## SONET DE L'AVTEVR
### A SON LIVRE.

Le pere est mal-heureux qui voit fouler sa race,
  Et ne s'arme les bras pour repousser l'effort :
  Marche donc desdaignant l'arrogance du sort,
  Car qui bat la vertu soymesme se terrasse.
Bien que le voyageur qui d'vne occulte trace,
  Soit par terre ou par mer, demy-vif demy-mort,
  Recherche les secrets de ce grand iuste & fort.
  N'ait en fin pour butin que les ans qu'il amasse.
Si tu vois maints esprits paroistre en chef grison,
  Moins riches de tresors, que riches de raison,
  Abbayez par la voix que l'ignorance guide,
Ne crains de voir renaistre vn Marcye obstiné,
  Ny le liquide orgueil de ce fleuue escorné,
  Car ie seray contr'eux Apollon, & Alcide.

*LIVRE*

# LE PREMIER
## LIVRE DES OEVVRES POEtiques de C. H. S. de Nuysement.

### STANCES EN FAVEVR DE L'ACADEMIE,
### A MONSIEVR.

Out est suiect au sort & ce qui
prend naissance,
Se rend suiect au temps & à son
inconstance,
Les cieux font sans arrest leur
tour continuel,
Et l'homme inferieur au corps qui le domine,
Suit son cours incertain qui certain se termine,
Et fault que le mortel tienne de l'immortel.

Puis que les froides seurs de leurs dextres fatalles,
Vont tramant le destin & les peines iournalles,
Retordant ou tranchant le fillet de noz ans.
Ne sont ce pas les Dieux qui veullēt que noz vies,
Soient au glaiue outrageux de la mort asseruies,
Affin qu'eux immortels soient cogneus plus puissans.

L'espaisseur d'vn rampart ny la trempe des armes

A

## LIVRE PREMIER.

Dont nous couurons noz corps au peril des alarmes
Ne nous seruent tousiours aux assaux de la mort.
Tout luy est asseruy & n'y a chose nee,
Qui peult trancher le cours de nostre destinee
Car pour vaincre vn destin l'homme n'est assez fort.

Aussi tost que la mort desborde sa puissance,
Nostre nef fait nauffrage au fleuue d'oubliance,
Et nostre nom s'estaint comme vn fraille flambeau.
Mais ce qui de ce gouffre immortels nous deliure,
C'est l'vnique vertu qui seulle nous fait viure,
Et nous arrache entiers de l'ocieux tombeau.

La vertu ne peult cheoir sous l'onde stigienne,
La vertu ne resemble à la fable ancienne
De la montagne enflee, ou du fleuue escorné.
Ses effects sont plus grands que n'est sa renommee,
Nulle audace ne rend sa force consommee,
Mais tousiours de lauriers son front est couronné.

Tant plus on a de peine a cercher la victoire,
Plus celuy qui la trouue en rapporte de gloire,
Apres vn long trauail le repos est plus doux.
Tousiours la chose belle est la plus malaisee,
Mais l'âme genereuse en doit estre embrazee,
Car plus grand est l'hōneur qui n'est commun à tous.

D'autant que la vertu est la plus rare chose
Que nous ayons du ciel elle n'est pas enclose
Au cerueau d'vn chacū, mais pour mieux l'honorer
Sur

## LIVRE PREMIER.

Sur le frõt des grãds Rois Dieu veult qu'elle seiourne,
Et comme le soleil sur nostre orison tourne,
Elle entourne leurs chefs pour si faire adorer.

Le prince est vn theatre ou son peuple contemple :
Ses mœurs pour les ensuiure & s'en seruir d'exemple,
C'est leur iour, & leur nuict, leur tẽple & leur autel
Il est le vray fanal qui remerque la pouppe,
Et comme le dauphin guidant l'humide trouppe,
S'il est bon ou mauuais son peuple sera tel.

Que peult seruir qu'vn prince ait la terre en partaige,
Qu'il soit icy de Dieu la resemblante image,
Qu'il soit pour regir tout predestiné des cieux.
Bref qu'il puisse estimer sa richesse infinie,
S'il n'est ainsi qu'en biens riche en candeur de vie,
L'or ne peult rendre aimable vn prince vicieux.

Le prince vicieux n'adore que le vice,
L'iniuste n'a plaisir qu'à sa mesme iniustice,
Le cruel se repaist du sang de l'innocent.
Mais le sage au contraire adore la doctrine,
Il porte la clemence encloze en la poitrine,
Et iuste du meffaict iustement se ressant

Le prince vicieux vn momant ne repose,
Son esprit plein d'erreur, mille erreurs luy propose,
Il est au bien aueugle, & Argus au malheur.
Il consomme le temps se consommant soymesme,
Il transforme en vn sac le sacré Diadesme,

A ij

Et se fait le butin d'vne eternelle peur.

Le prince vertueux tient son peuple en concorde,
Il est plain de iustice & de misericorde,
Il est sans passion pere commun de tous:
La vefue & l'orfelin sont receuz en sa garde,
La faueur des plus grands ne l'auance ou retarde,
Et iamais du grand Dieu n'incite le courroux.

Du prince vertueux le regne heureux prospere,
Son peuple le benit, le craint & le reuere,
L'estranger le redoute & s'esclaue à ses loix.
Le ciel le fauorise, & les fleuues estranges:
Trainant leurs plis tortus murmurent ses louanges,
Et en font retentir les plaines & les bois.

Le prince qui sçaura se faire vne couronne
Des sceptres de cent Rois par l'effort de Belonne,
Et qui la boulle ronde estraindra dans ses mains
Qui pourra par les loix establir sa puissance
Et ioindre auec l'amour l'entiere obeissance
Ne se dira il pas le plus grand des humains.

Mais qui pourroit monstrer ceste gloire bastie,
Sinon formant vn corps dont chacune partie,
Serue d'vne collonne affin qu'il soit plus seur.
Ce corps est vn amas d'illustres personnages,
Qui rendront à noz ans l'hōneur des premiers ages,
Et seront les pilliers portans vostre grandeur.

On

On verra par les arts enseigner la ieunesse,
Et par maint exercice adextrer la noblesse,
Vnissant tous les deux en vn mesme subiect.
Tellement qu'il naistra cent & cent Demostenes,
Et naistront à l'enuy mille grands capitaines,
Qui vous rendront vn iour tout le monde suiect.

Ce qui a esleué les grandes republiques,
Ce sont les beaux secrets que les academiques,
Prenoient à la nature entrant dans son tresor.
Et si par voz vertus la clef nous est rendue,
De ses sacrez secrets en ceste age perdue,
Ne ferez vous pas naistre vn second siecle d'or.

Ce grand Dieu qui du ciel tout foudroye ou conserue,
Engendra dans son chef l'inuincible Minerue.
Et la feit naistre armee en presence des dieux.
Monstrant que qui sçait ioindre aux armes la science
Il tient toutes vertus qui en prennent naissance,
Car l'vn fait luire en terre, & l'autre dans les cieux.

Le Caldee, l'Hebreu, ny les sages de Grece,
N'ont des mysteres sainctz de l'vnique deesse,
Recogneu la grandeur, tant ils sont infiniz.
Ains se sont arrestez à la seulle doctrine,
La iugeant plus durable, ou de soy plus diuine,
Et ont de son sainct corps les membres desuniz.

Mais si vo<sup>9</sup> reioingnez Mars & Mercure ensemble,
Y a il rien ça bas qui timide ne tremble,

A iij

## LIVRE PREMIER.

Et ne craigne l'effort de ces deux deitez.
Bref l'Hebreu, le Caldee, & l'Indois, & le Perse,
Traineront leur grandeur tombee à la renuerse,
Et seront par vous seul leurs honneurs surmontez.

L'vn pour s'esterniser esleue des Mausolles,
Et l'autre plus certain fait bastir des escolles,
Ou pour Thermes de marbre y loge des docteurs.
Le superbe edifice est plaisant à la veuë,
Lon voit en telle ouurage vne grandeur conceuë,
Mais vn liure vaut plus que toutes ces grandeurs.

Sans Homere, & Virgille, Vllice, ny Ænee.
Ne nous eussent laissé ce que la destinee:
Auoit graué aux cieux pour les rendre immortels.
Les Dieux ont tellement honorez les poëtes,
Qu'ils les ont seuls choisis pour seruir d'interpretes,
A ceux qui immoloient les bœufs à leurs autels.

Ainsi donc, Monseigneur, si par l'academie,
Vous rengendrez Minerue & luy rendez la vie,
Qui pourra des mortels vostre loz meriter,
Vn monarque icy bas iouïra de sa gloire,
Mais grauant vostre nom sur l'autel de memoire,
Vous serez à iamais surnommé Iuppiter.

Puisque pour soulager les peuples de la France,
Accablez sous le faix d'vne longue souffrance,
Dieu vous a seul choisi, vous aidant en tous lieux,
Il fault qu'en ces effects vous seruiez d'exemplaire,
Car

## LIVRE PREMIER.

Car s'il guide voz pas qui ira au contraire.
Le ciel est sur la Terre, & Dieu est sur les cieux.


## LES GEMISSEMENS DE
LA FRANCE, AV ROY.

Dieux s'il est permis aux mortels de se plaindre,
Si iusqu'à vous (bons Dieux) leurs criz peuuent attaindre
Escoutez mes clameurs, & si voz deïtez
Prennent compassion des humains agitez
Par les flots turbulents d'vne mer violente,
Prenez ore pitié de moy triste & dolente,
Triumphante iadis des peuples triumphans,
Mais or donnee en proye à mes propres enfans.
Moy (Frãce) qui n'euz onq' pour ayeuls en ce mõde,
Sinõ les Dieux, les Cieux, les Airs, la Terre, & l'Onde,
Premiere en Loix, en Mœurs, en Peuples, en Citez,
Et la plus fleurissante en Vniuersitez,
Qui enuoyant mes Loix iusqu'aux peuples Barbares,
Et ay faict trembler les Turcs, les Perses, les Tartares:
Chassé l'idolatrie, & planté en son lieu:
La Foy, l'Amour l'honneur, & la crainte de Dieu.
Moy qui ay enuoyé du regne de Camille,
Assaillir les Romains, qui ay rasé leur ville:
Y laissant seulement les vestiges du feu.
Puis s'estant restablie en force, peu à peu,
Brennus l'un de mes Roys l'a encore assiegee,

Et (vainqueur de rechef) à son veuil saccagee,
Ainsi braue de cueur s'enflammant aux combats,
Pour surmonter les Grecz, vers eux dressa ses pas
Et desia quand le sort luy desroba la vie
Auoit planté mon nom au milieu de l'Asie.
  Mais comme la discorde est source du meschef
Peu apres le Romain mist son pied sur mon chef
Et le vaincu, vainqueur, plus ardant aduersaire,
Mist mon col à son ioug, & me fist tributaire,
Jusqu'a ce qu'appellant Pharamond pour mon Roy:
Ie secouay le ioug de son iniuste Loy.
Et tellement s'accreut le François heritaige,
Qu'il fut de quatre Roys suffisant appanage.
  Puis quand sous Childeric, dans les vices plongé
Chacun peuple se veit par l'ennemy rongé,
Tous d'vn commun accord contre luy conspirerent,
Et l'ayant refaict moyne en son lieu couronnerent,
Pepin fils de Martel, sous qui en mille lieux,
Ie plantay ma grandeur, & leuay dans les cieux,
Le bruit de mon renom, en terrassant la gloire
De l'infidele peuple, & grauant ma victoire,
Sur le doz du Lombard, tant que moy & mon Roy:
Feusmes par tout nommez le soustien de la Foy.
  En apres ie domptay (mesmes sous Charlemaigne)
Naples, Flandre, Piedmont, l'Italie, & l'Espagne,
Et l'ayant veu ranger ces peuples sous mes mains,
Ie le feis couronner Empereur des Romains.
Et sous luy mesme encor ie domptay l'Allemaigne,
Les Phrizes, les Saxons, l'vne & l'autre Bretaigne,
Sclauonie, Sydon, L'ydumee, & le Tyr,

Tant

Tant qu'a me reuerer ie forsay consentir
Antioche, Bauiere, & Venize (lesquelles)
Estimoyent parauant leurs grandeurs eternelles.
  Lors vne ambition Peste & Ire du ciel,
Empoisonna les cueurs par l'aigreur de son fiel:
D'aucuns particuliers, qui pour finir leur guerre,
Me cuiderent ranger sous les loix d'Angleterre,
Contr'eulx mesmes felons: sans preuoir le danger,
Qui vient de se sousmettre au pouuoir estranger.
Et non contens du sang prodigué aux batailles,
Rougirent leurs cousteaux dãs mes propres entrailles.
  Ainsi les puissans Grecz terreur de leurs voisins,
Par la desunion ouurirent les chemins,
A leur confusion au Pere d'Alexandre,
De se faire honorer, & premier entreprendre:
D'establir son pouuoir, puis aux siecles suiuans
D'estre serfs des Romains, comme or des Othomans.
Et Rome qui couuroit de son sainct Diadesme:
Le seiour des mortels, se vainquit elle mesme,
Et pour ne se laisser rien à vaincre icy bas,
Se rendit (à la fin) proye de ses combats.
  Douze grandes Citez superbement construictes,
Furent pour leurs pechez par tremblemẽs destruictes,
Et des enfers cruels les gosiers ensouffrez:
S'enyurerent du sang des mortels engouffrez,
Vray spectacle à tous yeux d'vne vengeance extreme.
Mais (las) mes nourrissons armez contre moy mesme,
Forçant l'ire des Dieux en ma destruction,
Chetifs ont recerché par mainte inuention,
En vomissant l'horreur couuee en leur poictrine,

B

## LIVRE PREMIER.

Par fouldres inuentez aduancer ma ruine,
Renuerser mes Citez, pouldroyer mes Ramparts,
Et bref me demembrer en mille & mille parts,
Tellement que le feu qui cruel, me consomme, (Rome.
Me rend France aux Frãçois, ainsi qu'aux Romains
 Par le vouloir des Dieux vne laissiue d'eaux,
Vn coup noya la Terre, & tous ses animaux.
Mais las, de mes enfans la tourbe deuoyee,
M'a dans son propre sang maintesfois renoyee.
 O malheureux enfans qui malheureusement,
Ainsi qu'vn criminel m'enchainez au tourment,
Craignez vo9 point des Dieux les puissãces certaines,
Qui ont sceu refrener les audaces hautaines:
Des plus superbes Roys, lors qu'ils les ont soubsmis,
A l'outrageux pouuoir de leurs fiers ennemys?
 Du Tybre Ausoni. les courses inhumaines,
N'ont-elles pas ranyles richesses Romaines,
Et couuert le sommet de ses plus hautes Tours?
Cuidez-vous que les Dieux ne debordent le cours,
De mes fleuues enflez, pour lauer mes campagnes,
Du meurtre ensanglantés? Et que de mes montagnes,
Leurs flots n'aillent baignant les superbes coupeaux,
Trainant vous & voz biens dans la mer à monceaux?
 Ou (qu'ainsi que Sodome & Gomorre, où l'Inceste
(Malheureux) triumphoit par la flamme celeste,
Et le souffre versé, furent proye du feu,
Que voz iniquitez, (s'accroissans peu à peu)
Ne forcent les destins, & que voz durs esclandres,
Ne me facent vne Vrne à enclorre voz cendres.
Craignez-vous point encor (ô malheureux peruers.)
            Que

Que la Terre s'ouurant iusqu'au fond des enfers,
Ne vous loge engloutis dans ses noires entrailles,
Vous faisant le gibbier des mordantes tenailles,
Des serpenteaulx retorts, & des fouets punisseurs,
Qu'ont pour vous tourmenter les Eumenides seurs.
 Ou que l'air infecté de puantes fumees,
Qui exallent du sang & des chairs consummees,
Ne vous trouble du mal qu'Apollon irrité
Versa au Camp des Grecs, quand leur chef depité
Dedaigna son sainct prestre & plain de folle audace
L'estonna par l'aigreur d'une fiere menace,
Ensiellant son courage en son humble oraison.
 Ah! malheureux mortels, Ah! qu'à iuste raison,
Tymon fut ennemy de ses propres semblables,
Que iustes sont ses cris, & les plaints veritables
De ce grand Marc Aurele, Ah! combien auez vous
Irrité des grands Dieux l'implacable courroux.
 N'accusez desormais si les Magestez hautes,
Vous font trop aigrement souuenir de voz fautes:
Les destins ennemis: n'importunez les Dieux
Des iniustes clameurs que vous poussez aux Cieux.
Mais nommez seuls autheurs de voz peines extrêmes
Voz cueurs enuenimez, voz vices & vous mesmes.
Car voz meschants desseins & voz iniquitez,
Ont diuisé de vous les iustes Deitez,
Et le mortel peché qui sous soy vous terrasse,
A faict cacher de vous leur pitoyable face,
Afin qu'ils soyēt sans yeux, & sourds en voz malheurs
Et que voz cueurs ferrez s'amollissent aux pleurs.
 Voz ames sont de craincte & d'amour despouillees,

B ij

LIVRE PREMIER.
Du sang de voz prochains voz mains sont ja souillees,
Vous chatouillez voz sens d'vn faux delicieux,
Et la verité n'est qu'vn fantosme à voz yeux.
Voz pieds courēt au mal, voz cueurs bouillēt d'espādre
Le sang des innocens, vous taschez à surprendre,
Voz prochains, & (poulsez d'vn iniuste vouloir)
Les ranger (malheureux) dessous vostre pouuoir.

 Vous detestez les Dieux, vous fuyez la iustice,
Vous mesprisez voz Roys, leurs Loix & leur police,
Et (chetifs) encontr'eux vous auancez voz pas:
Taschant de les estaindre à force de combats,
Et les despsseder de la iuste puissance:
Qu'ils ont d'ambrasser tout sous leur obeissance.

 Quel regne voulez vous plus sainct, plus glorieux,
Plus iuste, & plus humain, puis que les puissans Dieux,
Ont (pour mieux conseruer toute chose en son estre)
Esleu mesme sur eux vn Dieu souuerain maistre.
Qui regist, qui gouuerne, & qui par temps diuers
Tourne, aduance, & retient, tout ce grand vniuers,
Vn seul commande doncq' à la troupe diuine,
Le soleil est le Roy des feuz de la Machine,
Le Feu est esleué sur tout autre Element,
L'or sur tous les Metaulx, comme le Diamant
Sur les gemmes paroist, le vin sur les breuuages,
Le Lyon genereux sur les bestes sauuages,
L'Aigle sur les oyseaux, sur les grains le fourment,
Le chef sur chacun membre exterieurement,
Aux entrailles le Cueur, Et bref la Monarchie:
Le monstre clairement par Nature bastie.

 Les membres disposez l'vn l'autre se font forts,
              Et

Et tous ensemble ioincts sont la force d'un corps,
La Tourbe des suiects par la concorde vnie,
Est la force & grandeur de toute Monarchie.

 La concorde a tout faict, elle a vouté les cieux,
Tiré les Elements du Chaos ocieux,
Assis le feu & l'air, & les eaux, en leur place,
Et au mylieu d'eux-tous ceste terrestre Masse,
Qui flottante par l'air: n'a que l'air qui la tient.
 Chacun des elements en force se maintient
Par le secours de l'autre, encor qu'il soit contraire:
En estre, en action, & qu'il soit propre à faire
La guerre à son voisin: Car d'un lien estroict,
Le froid maintiët le chault, le chault maintiët le froid,
L'humide tient le sec, le sec ayde à l'humide,
Et à mesmes effects la concorde les guide.
Car du feu seulement la bruslante action,
Sans l'eau n'aduanceroit la generation,
Ny l'eau sans la chaleur. Car la temperature,
Tient les germes en soy de toute la Nature.

 Par les globes voutez les flambeaux radieux:
Monstrent-ils pas l'effect d'vne concorde entr'eux,
Les ames & les corps (bien qu'ils soient dissemblables,
Sont-ils pas sans la mort) du tout inseparables?

 Ne recongnoist on pas vne parfaitte amour:
Entre les vegetaulx, quand la vigne en maint tour
Ambrasse son ormeau, & meurt si on la separe?
L'hierre ayme le chesne & tellement s'empare:
De ses bras, qu'il s'y ioinct iusqu'à ce, que l'effort,
Des fiers vents le terrasse, ou que l'aage & la mort,
Les viennent delier, mais (ô chose incredible,)

B iij

## LIVRE PREMIER.

Les Pierres, les Metaux, dont le corps insensible
N'est qu'vn limon recuit, monstrent ils pas encor
Vn vray signe d'amour, l'argent vif ayme l'or,
L'aymant ayme le fer, & la troupe plus orde
Des esprits infernaulx ayme encor la concorde.
 Mais l'homme plus abiect que nul des animaux,
Moins traictable qu'vn troc, plus dur que les metaux,
Follement embrasé d'vne inhumaine flamme :
(Furieux) va souillant la blancheur de son ame,
(Ame) le vray sourgeon de l'esprit des haults Cieux,
Par qui tãt seulemẽt l'hõme est semblable aux Dieux.
 Il recerche, il rumine, il songe, il s'auenture,
A renuerser le cours, de l'ordre de nature,
Il trauaille, il inuente, & veille iour & nuict,
Pour trouuer le secret dont l'effect le destruict.
Quel temps se perd plus mal que celuy que lon passe,
A cercher dans le sein de la terrestre Masse,
Les souphres, le salpestre & le fer meurdrisseur,
Puis que c'est trauailler à cercher son malheur ?
Ou bien celuy qu'on perd pour s'amuser à lire :
Les secrets de la guerre, afin d'enflammer l'ire
Des courages felons : & les rendre parfaicts
A sçauoir mettre à chef mille inhumains effects.
 Mais quel temps mieux passé si pour bãnir le vice,
On lit les liures saincts, de paix & de iustice,
Et sans forcer la Parque à racourcir les cours :
Chacun escoulle en paix leur peu durable cours,
Cours qui n'est rien qu'vn feu faict de paille menue,
Vn vent, ou vn esclair, qui se perd dans la nue.
 La Paix anime tout, & maintient en grandeur,
L'estat

## LIVRE PREMIER. 8

L'estat des puissants Roys, elle est source de l'heur
Des humains, gardienne, & fidele nourrice.
De la Foy, de la Loy, d'amour, & de iustice,
Tout prent d'elle sa force, & maintient à tousiours:
La chose qu'elle embrasse, & qui (sans son secours)
Seroit en vn instant par la flamme ou l'espee,
(Contre le vueil des Dieux) destruicte & dissipee.
Les Champs sont labourez, on veoit le long des eaux,
Repaistre en seureté les nourrissiers troupeaux.
De verdure & de fleurs les beaux prez se tapissent,
Les Loix sont en honneur, les Royaumes fleurissent,
Ce que le Temps rongeur auecq' laage a destruict:
Est plus ferme & plus seur par la Paix reconstruict.
Chacun à son prochain se monstre charitable,
Et la Religion se garde inuiolable.
On adore les Dieux, & leurs Temples sacrez:
Ne regorgent le sang des humains massacrez.
On garde l'equité, on veoit par les Prouinces:
Garder estroictement les Edicts de leurs Princes,
Le Mecanicq' trauaille, & les pauures humains:
Viuent heureusement du labeur de leurs mains,
Et des riches encor s'augmente la richesse,
On veoit à la vertu s'addonner la ieunesse,
On honore le droict, on reuere les Arts,
On conserue la vierge, on soustient les vieillarts,
Qui dans les Temples saincts vacquent aux sacrifices.
On caresse l'honneur, on dechasse les vices,
Et iamais des hauts Dieux les feuz precipitez,
Ne fouldroyent les murs des paisibles Citez.
   Voila voila les fruicts de la concorde saincte,

## LIVRE PREMIER.

Voila qui vous faict viure en amour & sans crainete:
De l'outrageuse main d'vn superbe vainqueur.
Voila ce, qui vous faict mespriser la rigueur:
Des temps, & prolongeant le fil de voz annees,
Vous faict forcer l'arrest des fieres destinees.

 Viuez donques en paix, viuez, & que voz cueurs,
Ne couuent le venin des ameres rancueurs,
Fuyez les durs efforts que la Parque felonne,
Vous liure par l'horreur des effects de Belonne.
Et si vous ne sçauez quelle en est la terreur,
Si vous n'auez senty sa cruelle fureur,
Ie vous la veux despeindre & les maux qu'elle aporte.

 Pensez veoir deuant vous vne grande cohorte,
D'hommes pasles d'effroy ausquels la froide peur,
Glasse eternellement chasque entraille & le cueur.
Les yeux enflamez d'ire, & la voix effroyable,
L'estomac gros de fiel, le courage imployable,
Les pieds prompts au meschef, les cueurs enuenimez,
Et malheureusement au carnage animez.

 Ouyr gronder en l'air vn horrible Tonnerre:
De canons foudroyants, vne mine sous Terre,
Qui poudroye, renuerse, & desmembre en cent parts,
Les Forts, les Bastions, les murs, & les ramparts.
Vn assault furieux, vn combat plein de rage,
Vn spectacle hideux, vn inhumain carnage,
Vn champ couuert de sang, de harnois, & de corps,
Les vns tous demembrez, les autres demy-morts,
Les grands fleuues roulants leurs courses vagabondes,
Du sang tout bouillonnãt taindre leurs froides ondes,
Et des pauures naurez, les cris fendants les Cieux,
         Estonner

Eſtonner de terreur les oreilles des Dieux.
 O deſaſtre cruel ! le fils occiſt le pere,
Et le pere ſon fils, & le frere ſon frere,
Le nepueu meurtrit l'oncle, & l'oncle le nepueu,
L'amy pourſuit l'amy, & par fer & par feu,
Enflammez, affamez, de ſe perdre & deſtruire,
Cerchent iniuſtement les moyens de ſe nuyre.
 Qui veit iamais un Ours (ſurmonté de la faim)
Rencontrer un Lyon, & d'un choc inhumain,
Se dechirer, froiſſer, hacher, & plains d'audace,
Carnagers, ſe manger l'un l'autre ſur la place,
Se teindre la maſchouere, & la mouſtache au ſang:
L'un de l'autre, & haineurs ſe dechirer le flang,
Auecq' des hurlements & cris eſpouuentables.
 Il a veu des guerriers les fureurs execrables,
Qui pour quelque fantoſme en la nue eſtendu,
Brutaulx ſe vont baignant dans leur ſang eſpandu,
Et pouſſez de fureur, de rage, & de manie,
Cerchent tous les moyens de ſe priuer de vie.
 La guerre ronge tout, & deſtruict la grandeur:
De l'eſtat des grands Roys: d'elle ſourd le malheur,
Des humains, elle eſt mere & impure nourrice,
De mort, de dol, de vol, de fraude, & d'iniuſtice.
Tout prend d'elle ſa fin & renuerſe à iamais,
Ce que le Temps ouurier a baſty par la paix,
Elle force, renuerſe, embraſe, ronge, & mine
Tout, & traine apres ſoy la peſte & la famine.
Les champs reſtent deſerts, & les pauures troupeaux
Ne vont en ſeureté paiſtre le long des eaux.
De verdure & de fleurs les prez ne ſe tapiſſent,
         C

## LIVRE PREMIER.

Les loix sont en horreur, les Royaumes perissent,
Ce que le pauure peuple auecq' l'aage à construict,
Est miserablement par la guerre destruict.
On faict du vollement vn œuure charitable,
La Religion est vn monstre abominable,
Lon deteste les Dieux, & leurs temples sacrez,
Reuomissent le sang des humains massacrez.
On bannist l'equité, on voit par les Prouinces,
Transgresser librement les Edicts de leurs Princes,
L'artisan se lamente, & les pauures humains:
(Forcenez,) dãs leur sang, baignẽt leurs ppres mains,
Et le riche (à ses yeux) voit piller sa richesse,
A tous vices on voit s'adonner la ieunesse,
On abhorre le droict, on mesprise les arts,
On viole la vierge, on trouble les vieillards,
On brise les Autels, or puyt les sacrifices,
On dechasse l'honneur, on caresse les vices,
Et fault que des hauts Dieux les feux precipitez,
Foudroyent les sommets des guerrieres Citez.

Voila voila les fruicts que depuis vingt annees,
I'ay cueilliz par l'arrest des fieres destinees.

N'ay-ie pas veu l'enfant malheureux arracher:
L'antraille de son pere? & villement cracher:
Contre sa propre mere? O misere cruelle,
Qui rends entre les miens la discorde eternelle.
Pourquoy as-tu couuert vne rebellion,:
Sous le manteau sacré d'vne religion,
Car helas! quels malheurs, & quels faulx simulachres,
Si la Religion causoit tant de massacres,
De meurdres, & de vols, ou s'embrasoit, afin,

De

De m'éclorre (à sa perte) vne cruelle fin.
Nourrissant Ennyon en son fiel violente,
Et voüant les serpents de sa teste sanglante,
Au lieu de Taureaux gras sur les sacrez autels,
Jmprimant (sacrilege) en l'ame de mortels,
Rapt, adultere, inceste, auarice, vengeance,
Meurdre, guerre, rapine, iniure, violence,
Haine, rancune, vol, blaspheme, ambition,
Iniustice, impieté, fraude, deception,
Et tel genre de maulx, dont la iuste sentence :
Des grands Dieux courroucez à ma perte s'aduance,
Moy las! qui ne fus oncq' source de leurs debats,
Mais qui seule soustiens le faix de leurs combats.

Iamais les forts Lyons l'vn l'autre ne s'assaillent,
Contre les Tygres fiers les Tygres ne bataillent,
Et bien qu'au renouueau les Taureaux amoureux,
Poussez d'vn nouueau feu s'affrontent furieux,
Jls s'aident seulement des armes naturelles :
Et n'employent le fer ny les flammes cruelles.

Veit-on iamais au Ciel (miracle nompareil,)
Les Astres radieux attaquer le soleil?
A lon iamais ouy que la troupe diuine :
Ait tasché d'offenser celuy qui la domine?
A lon iamais veu l'aigle assailly des oyseaux,
L'or de quelque metal, l'occean des ruisseaux,
Le chef de quelque membre, & le cueur des entrailles,
Que les mousches à miel ayent faict des batailles :
Pour destruire leur Roy, que l'eau, la Terre, & l'air,
Jusqu'au siege du feu ayent ozé voler?

Non non! mais l'homme seul artisan de malice,

C ij

### LIVRE PREMIER.

Fils de l'ambition, nourrisson d'iniustice,
Faict la guerre à soymesme, & sans craindre son Roy,
Veult rauir sa puissance, & luy donner la Loy.
 O Dieux! qui iustement d'vne esgale balance:
Guerdonnez les biensfaicts, ou donnez penitence:
Des forfaicts aux mortels, si voz bras punissants,
Daignent lancer du ciel leurs souldres rougissants,
Sur le chef des peruers qui prouoquent vostre ire.
Aggrauez les (grands Dieux) d'vn eternel martyre,
Grands Dieux foudroyez les, & faictes que dans l'air,
On voye leurs souspirs & leurs ames voler.
Que le fil malheureux de leur fin terminee,
Les facent égaler Tytie ou Capanee.
Que des fiers Terre-nez les rochers punisseurs,
Puissent renseuelir c٠٠ cruels meurtrisseurs,
Qui n'ayment que le fer. Que le fer les outrage,
Que le feu les consomme, & qu'encores la rage,
Qu'ils veullent exercer s'attache dedans eux,
Et malheureusement les rende malheureux.
 Que tous les Elements s'efforcent de leur nuire,
Que la Terre s'abysme, afin de les destruire,
Que des enfers hideux les gouffres flamboyants,
Que du Chien trois-testu les gosiers aboyants,
Que des Antres Aphreux les cauernes horribles,
Que des fieres fureu s les vengeances terribles,
Que des fleuues mortels les flots enuenimez,
Que des fourneaulx ardans les ventres alumez,
Que des Corbeaux rongears la troupe crouassante,
Que des Esprits damnez la tourbe pallissante,
Et bref que ce qui est aux Enfers de terreur,

De

### LIVRE PREMIER.

De tourment,& d'effroy,puniſſe leur erreur.
 Encor ſi mes enfans dreſſoient vn beau voyage:
Ou par Terre,ou par Mer,comme ceulx de Carthage,
Peult eſtre que ſuyuant quelque fatal bon-heur,
Du bien des eſtrangers baſtiroient vn honneur.
 Mais fault-il(O deſtin)par la dent enragee:
De ſes cruels enfans,la mere eſtre mangee.
Fault il qu'ils ſoyent autheurs d'vn ſi ardant diſcord,
Qu'à tous coups l'eſtranger les remette d'accord.
Et qu'au lieu de le vaincre & chaſſer de ſa Terre,
Ils luy payent tribut pour me faire la guerre.
 Fault il que la diſcorde empoiſonne leurs cueurs,
Et leur face adorer les Allemans vainqueurs,
Qu'ils facent des ponts d'or pour les faire deſcendre:
Afin de les dompter,& rechauffer la cendre:
De leurs premiers ayeuls,en ſ'emparant de moy:
Comme heritage acquis par vne iniuſte Loy.
Que l'Eſpagne ſ'en rie,& qu'encor l'Angleterre,
Verſe de l'huille au feu:& m'enflamme à la guerre,
Attendant ſeulement l'heure de mon mechef,
Pour d'vn ſuperbe pied me marcher ſur le chef.
Fault il que ma grandeur deuienne vne fumee:
Qui exalle & ſe perd parmy l'air conſommee!
Fault il que mes combats m'ayent miſe ſi hault,
Pour me voir trebuſcher d'vn ſi dangereux ſault.
Fault il que de la Grece ore toute deſerte,
Par ma deſunion i'accompaigne la perte,
Et comme Rome fut la proye des Romains,
Les Frãçoys pour butin m'ayent frãce en leurs mains.
Fault il preſſer les Dieux de m'accabler de peines,

C iij

## LIVRE PREMIER.

Inuentant à mon dam mille morts inhumaines?
Que tous les Elements s'efforcent desormais?
De me rẽdre aux Frãçoys vn Tumbeau pour iamais.
Que l'immortelle paix en ma triste querelle?
Me semble menacer d'vne fuitte eternelle.
Qu'en moy seule on ne voye ou douceur ou pitié?
Seule sans Dieu, sans Foy, sans Loy, sans amytié,
Et que les corps sans ame & les bestes cruelles,
Gardent plus de concorde & de respect entre elles,
Qu'entre moy & mes fils, bref que seule icy bas,
Ie me plaise au discord, au meurdre, & aux combats.
Seule qui n'ayme point de la concorde saincte:
Les mysteres sacrez, seule dont l'ame enceincte
De l'outrageux poison de rancune & de dol,
Veult nourrir en son flanc l'iniustice & le vol.
 Et faudra-il ( ô Dieux dont ie rougis de honte)
Que leur courage enflé par les armes se donte,
Et que moy malheureuse en soustienne l'assault.
Dressant dessus mon front vn publicq' échaffault,
Où les maulx coturnez de ma perte ressente,
Me rendront pour iamais vne scene sanglante.

## PALAS A MONSIEVR.

E grand Saturnien qui d'vn clin d'œil domine
Tout ce qui est enclos & qui clost la machine,
Auquel rien ne deffaut, qui contient tout en soy.
Et de qui les mortels doiuent sentir la Loy!
Congnoissant ia l'orgueil le vice & l'ignorance,
Fouller d'vn pied cruel le sceptre de la France.
Et que depuis vingt ans par vn sinistre effort,
Lon voit peinte en son front l'image de la mort.
Que la Terre a horreur de se voir arrouzee
Du sang de ses enfans sous vne foy brisee,
Les monstres serpenpiets & les d'hires d'enfer,
Ne resonner sinon le sang, le feu, le fer,
Le depit, le courroux, l'ennuie, & la rapine,
Qui du sceptre Romain auancea la ruine.
Iusqu'au troisieme Ciel tout pensif deuala,
Et la trouppe des dieux au conseil appella.
Lesquels prompts d'obeir à son vieil s'assemblerent,
Et du choc de leurs pieds tous les cieux esbranlerent.
Lors empoignant son sceptre & fronceant le sourcy,
Frapant du pied la voute à Iunon, dit ainsi.
Ie ne sçay quelle rage ou quelle destinee,
Te rend de plus en plus follement obstinee.
Ie ne sçay quelle flamme embrase ta fureur
Pour te vanger encor d'vne si vieille erreur.
N'as tu pas eu moyen de souller tes entrailles.

## LIVRE PREMIER.

Du sang qu'as prodigué aux Troyennes batailles,
Sans ore armer le pere encontre son enfant
Affin de voir le meurtre & le mal triumphant.
As tu osé lancer mes foudres vangereßes,
Pour mieulx executer tes embusches traistreßes,
Viuras tu tousiours telle, & tousiours feras tu
Que mon vouloir sera de ton vueil combatu.
Ie te iure le ciel, l'enfer, l'onde, & la Terre,
Que si tu n'amortis le flambeau de la guerre,
Qui consomme la France & rauit son repos.
D'vn foudre rougißant te brusler iusqu'aux os.
Et les plaintes que font les sanglantes bellides:
Detestant, (mais en vain) leurs cruautez auides
N'esgalleront tes pleurs, & leur fatal labeur,
Ne se verra iamais esgaller ton malheur.
Va va vuide d'icy ma..iaque, incencee,
Qui ne pardonnes point à qui t'a offencee.
   Mais le iour va coulant & nous n'aduisons pas
Qui nous deuons choisir pour enuoyer la bas,
Mars est trop furieux, car bien que la vaillance
Soit requise aux combats ce n'est rien sans prudence,
Il fault donc que ce soit, ou le nepueu d'Atlas,
Accompagné de Mars ou la docte Pallas,
Qui seulle tient en main l'effroyable Gorgonne
Et qui de la science & des armes ordonne.
Elle fera la guerre, & la treue, & la paix,
Elle rendra le sang gelé, ardant, espais,
Et fera conuertir ceste gent reßprouuee.
   Or ceste volonté fut des Dieux approuuee,
Et desia s'estendoient les bandeaux de la nuict.

Quand

Quand pour venir vers toy me dit ce qui s'enſuit.
    Pour mieux faire ſentir ma douceur & mon ire,
Cerche vn prince la bas de ma part pour luy dire,
Que comme vn bon pillotte au millieu du danger
Ne permet par la peur ſa raiſon eſtranger.
Ains comme il voit qu'vn flot d'vne roide ſecouſſe
Bat le flanc de ſa nef la retire ou la pouſſe
Et contre ſon eſpoir la garde d'abyſmer,
Puis congnoiſſant la mer peu à peu ſe calmer,
La conduit à ſon port, que luy qui ſied en poupe
Pour gouuerner là bas vne ſi ſaincte troupe,
Et que i'ay pour ce faire expreſſement ſauué,
Qu'il ne ſoit nullement de pareſſe agraué:
Et que puis que mon vueil & le ſort fauorable
Ont remis en luy ſeul ceſte charge honorable
Il doit touſiours veiller pour fuir le danger
Ou l'homme negligent ſe voit en fin ranger,
Et que lors qu'il voudra dreſſer quelque entrepriſe,
Il la ronge neuf fois de peur qu'vne ſurpriſe
Le repouſſe bien loing du but ou il tendra,
    Et lors qu'à ſes deſirs les rennes il tiendra,
Chacun admirera ſon eſprit magnanime,
Les biens & les grandeurs ſont de ſi peu d'eſtime
Qu'il vaudroit beaucoup mieux vn corps nud de thre-
Que non pas les threſors qui ont faulte de corps. (ſors,
    Je ne doute pourtant qu'il n'ait bien cognoiſſance,
Que la nobleſſe a pris de vertu ſa naiſſance,
Elle eſt mere des arts, des armes & des Loix,
C'eſt elle qui maintient les Princes & les Rois:
Qui du fleuue d'oubly les arrache & deliure,

                              D

Et mors les fait encor d'âge en âge reuiure,
 Dy luy qu'il face naistre, vn second siecle d'or,
Qu'on le tienne à bon droit pour l'heritier d'Hector,
Et qu'ainsi que l'on voit au printemps delectable
Au millieu d'vn iardin l'a plante vegetable,
Produire autour de soy mille petis surgeons.
Ou le pin verdissant infinis beaux drageons
Qui croissans peu à peu leur seruent de trophees:
Ayant des fleurs ou fruicts leurs branches estoffees.
Car lors que du vieil pin, l'âge va perissant,
Le drageon prent sa force & s'en va accroissant,
Vray stige de son tronc, voire la vraye image,
Qui dompte du faucheur & la faux & l'outrage.
Et comme les Neueus qui d'honneur reuestus,
Pour leurs braues ayeuls ont les ans combatus:
Ilz les rende immortels : car de la race illustre,
Le gentil successeur doit augmenter le lustre.
 Qu'il face qu'on approuue en luy l'opinion,
Du vieil Pytagoras sur la reünion:
De l'ame en nouueau corps, & que s'il se peut faire,
Il peigne sur son front les vertus de son pere.
 Quel honneur peut auoir cil qui accasané:
N'a iamais fait essay du sort ou il est nay,
S'il est propre à la paix ou vtile à la guerre,
Qui n'a iamais passé les bornes de sa terre,
Et bref qui riche & sot escoulle de ses iours.
Sans produire aucun fruict le miserable cours,
Vne honorable mort toute la vie honore,
Mais vn fait desastré tous les beaux iours deuore,
Mieulx vaudroit mourir ieune en imitant Hector,

Que

## LIVRE PREMIER. 14

Que de viure sans los aussi vieil que Nestor.
 Dy luy que sans vertu on n'eust point veu Alcide,
Estouffer le geant, ny le preux Æsonide,
Trauersant maints dangers, en l'isle faire abbort,
Et le garde-toison brusquement mettre à mort.
Que sans ce poinct encor on n'eust veu l'Italie,
Du rusé Carthageois si long temps assaillie:
Et n'eust on veu aussi l'inuincible Empereur,
Des peuples estrangers si ardant conquereur.
Bref que c'est la vertu, des hauts Dieux la mignonne,
Qui les cueurs des humains à grandeur esguillonne.
Que c'est son bras puissant qui en estre tout tient,
Et qui des Empereurs la couronne soustient.
 Dy luy que ce conseil il ne iette en arriere
Et que i'empescheray que la Parque meurtriere
De son dart outrageux ne luy pique le cueur.
Mais qu'estre le feray inuincible vaincueur.
 Voila Prince voila ce qui m'a amenee,
De peur que les assaulx de quelque destinee,
T'esblouissent les yeux, & t'ayant pour butin,
Ne peussent à ton dam renuerser ton destin.
 Or ie suis la Pallas que par tout on reuere
Qui eus de Iupiter le serueau pour mon pere,
En moy gist le conseil des hommes, & des Dieux,
Ie sçay tous les secrets de la terre & des cieux,
Ie moyenne la paix, ie commande aux armees,
Ie rends les nations doulces & animees,
Et quand Mars va sanglant au milieu des combats:
Pour le rendre vaincueur ie luy guide les pas.
I'esbranle les rochers, ie fais fixer les ondes,
D ij

## LIVRE PREMIER.

J'incite à la fureur les ames vagabondes,
J'intimide le braue, & d'vne fiere ardeur,
Je fais du plus craintif embraser la froideur.
 J'ayme le ieune Prince, en qui ie voy depeinte
Vne candeur d'esprit, & vne ame non feinte,
Vne amour au conseil, vne humaine grandeur,
Et qui n'obscurcit point sa Royalle splendeur.
Par ie ne sçay quel fard, ou sous trop de licence,
Se laisse chatouiller à sa concupiscence.
 Vn Prince tel que toy se doit monstrer discret,
En sa moindre action, doit celer son secret:
Sinon à quelques vns dont il congnoistra l'ame,
Ne se laisser brusler d'vne inconstante flamme.
Car ceux que le regret d'vne vaine faueur,
Agite çà & là, priuez d'ame & de cueur.
De grandeur affamez, semblent à la Lionne
Que l'auide fureur ou la faim espoinçonne,
Qui sans se donner peine a qui est le trouppeau,
Du premier qu'elle attrappe en deschire la peau,
Pour se remplir le flanc, car d'vn ardant courage
A la perte d'autruy veullent souller leur rage.
 Garde qu'vne amour folle attrapant ta raison,
Ne t'enchesne captif dans son orde prison,
Amour & maiesté ne sont de mesme race,
Et en mesme subiect ne peuuent trouuer place
 Pour exemple te soit vn Anthoine Romain:
Qui tant de nations asseruit sous sa main,
Et qui lors que l'amour n'embrasoit ses entrailles:
Alloit tousiours vaincueur en l'horreur des batailles,
Puis priué de son sens espris d'vne beauté,

            Fut

Fut contraint d'esprouuer sur soy la cruauté,
D'vne outrageuse main,& par toutes conquestes.
Se rendit le butin des inhumaines bestes.

 Pense mesme à l'erreur du pasteur Phrygien,
Qui portant à son flanc l'esguillon Paphien,
Esblouy du portrait qui s'offrit à sa veuë,
Feit paroistre en iugeant combien l'ame est deceuë,
Par la lubricité,& qu'il vit tresheureux,
Qui se peut empescher d'estre vn coup amoureux:
Car tantost l'amant rit, puis tantost pleure & tremble,
Bref on n'est iamais sage & amoureux ensemble.

 Mais ie sois ta Venus, ton feu, ton Cupidon,
Laisse embraser ton cueur de mon heureux brandon,
Je sois tes passetemps, tes ieux,& ta delice,
Sois mon vray nourrisson, ie te seray propice,
Et croy que mon amour ne seruira sinon
A te rendre immortel,& d'enseigner ton nom,
Aux siecles aduenir, en imprimant ta gloire,
D'vn burin eternel au temple de memoire.

 Oblige tout le monde,& sur tout garde toy,
Pour quelque aduersité de violer ta foy,
Car elle ne retourne estant vn coup sortie
Dans son premier seiour non plus que fait la vie.
Quiconque pert sa foy il n'a plus rien des cieux:
Car par foy nous sentons la puissance des dieux.

 S'il suruient vne faulte en vn prince notable,
Bien qu'elle soit legere:elle est plus remarquable
Qu'en quelqu'autre priué, car apres le grand Dieu,
Les princes icy bas tiennent le premier lieu.

 Quelquefois le nocher au fort de la Tourmante,

D iij

## LIVRE PREMIER.

A deux doits de la mort foiblement se lamente,
Ore iettant pensif maint souspir dans les cieux,
Son recours sont les pleurs dont il baigne ses yeux,
Et comme vn tróc sans cueur ne sçait rien que se taire,
Sourt, aueugle, & muet, ne s'auance à rien faire.
Ou bien si sa douleur moins amere deuient,
Et de quelque remede au besoin luy souuient,
Il accuse le ciel de sa triste infortune,
Immolant pleur sur pleur pour appaiser Neptune,
Il fait ses humbles vœus à Thetis qui l'entend,
Et tout en vn moment la mer paisible rend,
Lors il rapelle à soy ses sens & sa parole,
Et d'vne triste voix ses compagnons console,
Il proteste, il promet, que si il peut encor,
Reuoir l'astre fatal de Pollux, & Castor,
Et que par leur secours ce peril il eschappe:
Qu'aucun danger marin desormais ne l'atrappe.
Mais le fol impudent plain de legereté,
Cuidant pour l'aduenir tenir sa seureté
Il reuoque sa foy, il brise sa promesse,
Se couurant que la peur & l'extreme destresse,
Ou il se voioit lors, l'auoient à ce contrainct:
Et que pour ce de crime il ne pense estre attaint.
Il commence aussi tost sa premiere traffique,
Tant il est alleché du miel de sa pratique,
Qui apres maints trauaux & maint fascheux dãger,
Le font proye à la fin d'vn piratte estranger,

Il faut donc que celuy en vain Neptune outrage,
Qui moiste & degouttant se replonge au naufrage:
Heureux donc est celuy qui du port à repos,

Sans

Sans danger voit vn autre à la mercy des flots,
Et plus heureux encor qui pour deuenir sage.
En la perte d'autruy fait son apprentissage.

    Je supplie au grand Tout, dont le bras indompté,
Est par tout L'vniuers tant craint & redouté,
Que pour vaincre les ans il te face la grace,
D'estre dict le Phenix de ta royalle race.

## HYMNE A LA FORTVNE.

Fille de Iunon & du sacré Neptune,
Qui es Royne d'Antye, ô puissante Fortune,
Dont l'inconstante main retramant nostre sort:
Esleue & fait vaincueur, & le foible & le fort.
Qui sur les grands Palais emmouceles les herbes,
Et qui changes aux pleurs les triumphes superbes.
Le plus puissant te suit, & les pauures humains,
T'importunant de cris vers toy tendent leurs mains,
Celuy qui d'vn soc dur va cillonnant sa terre,
Celuy qui par l'airin fait ranimer la guerre,
Celuy qui prisonnier dans ses frailles vaisseaux,
Possedé par le gain tente l'ire des eaux,
Le dace belliqueux, & le peuple farouche,
Que l'ource auorte aux bords ou le soleil se couche,
Les Libiens recuicts, les Scites passagers,
Les Parthes cauteleux, & les Gettes legers,
Les fameuses Citez, les peuples, les Prouinces,

## LIVRE PREMIER.

Les Tyrans redoutez, les grands Roys, & les Princes,
Redoutent ta fureur. Et craignent qu'à leurs yeux,
Tu ne rues en bas d'vn pied iniurieux:
Les colomnes qui sont l'appuy de leur puissance,
Ou que le mal forçant le poix de ta ballance,
Les peuples paresseux par toy meus aux combats,
Droit à la liberté ne redressent leurs pas,
Et que par ton secours mille fois rendus pires,
Ils destruisent l'estat d'eux & de leurs Empires.

 La force aux poincts d'acier va tousiours deuãt toy,
Qui pour monstrer que tout se flechit sous ta loy:
Porte vn globe en la main en signe de conqueste,
Ou est peinte alentour l'horreur d'vne tempeste.
Son corps est ceint de fer, & son armet profond,
Luy deualle cresté sur la voute du frond.
Elle a dans l'autre main les puissans gons de cuiure,
Les grands cloux asserez, & pompeuse fait suiure,
Vn Saturne enchesné qui porte suspendu,
En l'arrest d'vn espieu vn pot de plomb fondu.

 La foy marche à ton flanc d'vn voële blãc couuerte,
L'esperance te suit sous vne robbe verte,
Les yeux vers & rians, le visage tout feint,
Le chef semé de fleurs, & l'entour du col ceint,
De carquans precieux, la bouche & les mains pleines,
De propos abuseurs, & de promesses vaines.

 Ceste troupe est ta suitte, & d'elle sont cheris
Ceux qu'elle recognoist t'estre plus fauoris,
Car si contre quelqu'vn tu desployes ton ire,
Soudain elle s'en fuit, & tout d'vn coup retire:
Les peuples pariurez, & les amys bornez,

Qui

Qui n'aymēt que l'hōneur dont les grands sont ornez.
  Reçoy mes humbles vœus, ô deesse & conserue,
Mon prince que le ciel & la saincte Minerue:
Poussent contre l'effort des mutins effrontez,
Qui s'arment contre Dieu. Et pour les voir domptez,
Guide ses beaux desseings, & la braue ieunesse:
Dont le bras indompté fend la tremblante presse,
Qui ia verse en mourant & des yeux & du flanc,
Honteuse du meschef, & les pleurs, & le sang.
  Que le nom du vainqueur volle & resonne encore,
De l'humide Gellon iusqu'au riuage More,
Et soient de l'ennemy les malheurs tesmoingnez:
Aux deux astres flambans des polles esloingnez.
  Quelle aueugle fureur a renflé leur courage,
Quel malheureux Daimon, quel venin, quelle rage,
Les pousse, les infecte, & voëlant leur raison:
Verse dessus leurs cueurs l'homicide poison,
Qui par eux dedans eux meurtriere s'enracine.
Sont ils pas mal-heureux d'esclorre en leur poictrine,
De loger dans leurs cueurs, & nourrir en leur sang,
Le serpent ennemy qui leur ronge le flanc.
Sont ils pas mal-heureux d'irriter contr'eux mesmes,
L'immense pieté des Deitez supresmes,
Qui sur leurs chefs peruers malgré elles ont fait,
Choir la flamme & le fer pour punir leur forfait.
Sont ils pas mal-heureux de s'aider d'vn pretexte,
Que nul d'eux en son cueur sainctement ne proteste,
De penser tromper Dieu, de feindre son vouloir,
D'abuser de son nom, d'ignorer son pouuoir,
Et qui pis est encor luy cuider faire croire:
          E

### LIVRE PREMIER.

Que leur vol & leur dol sont pilliers de sa gloire.
 N'ont ils doncques d'erreur les yeux bien esblouis,
Les ceruraux bien troublez, les sens esuanouis,
Les cueurs empoisonnez, & l'ame saccagee:
Du mal-heureux brandon d'une flamme enragee.
 Qu'ont seruy tant de corps sur la terre estenduz,
Tant de murs renuersez, tant de biens despenduz,
Tãt d'horreurs, tãt de cris, tãt de morts, tãt de plaintes,
S'elles n'ont peu flechir leurs poictrines attaintes.
 N'ont ils armé contr'eux trois Roys victorieux,
N'ont ils armé contr'eux maints Princes glorieux,
Qui mellant la fureur à la misericorde,
Les ont foullez aux pieds. Mais l'ardante discorde:
Qui les a rembrasez d'un tison plus gommeux,
Contraint ore le ciel de faire armer contr'eux
Vn Dieu, qui se couurant d'une forme Royalle,
Les doit exterminer, suiuant la voix fatalle:
Des oracles diuins qui ont predit ainsi.
 Celuy qui se contient & contient tout aussi,
Germera de son sang dans le sein de la France,
Vn enfant demy-dieu, dont la ieune vaillance
Estonnera l'enclos de ce grand vniuers.
Grauant dessus le dos de cent peuples diuers:
La grandeur de ses faits, & ses diuerses gloires:
Se liront dans le ciel, temple de ses victoires.
Ja six grands demy-dieux ont possedé son nom,
Mais vn seul n'a touché le but de son renom,
Et bien que chacun d'eux meu d'vne saincte enuie:
De cent faits valleureux ait honoré sa vie,
Si est-ce toutefois qu'ainsi que le Soleil,

Surpasse

Surpasse de beauté le beau cercle vermeil
De la pleiade saincte, & que chef en puissance,
Il nourrist leur splendeur de son alme influence.
Vn iour des six premiers sous les ans consommez,
Seront par ce dernier les lustres rallumez.
Et comme son rayon dont la force dissipe
L'espaisseur des nuaux, nourrissier & principe:
Donne estre & vie à tout ce qu'enclost ce grand Tour.
Ainsi ce Prince, ainsi, de ce mortel seiour,
Bannira l'Antechrist, le discord & le vice,
Y ramenant la foy, la paix, & la iustice.
Jeune il s'esleuera dessous l'aisle des Roys,
Mais si tost que son bras pourra planter ses Loix,
Empourprant son espee, & l'agu de sa lance,
Au sang enuenimé des monstres de la France,
Esteindra toute erreur, & fera naistre encor,
D'vn siecle corrompu vn second siecle d'or.
  Puis la Parque tranchant le fil de ses annees,
Executant l'arrest des iustes destinees,
Se purgeant par le feu comme les demy dieux,
Ira fait nouuel astre immortel luire aux cieux,
Soleil de sa Pleiade, & en paix & en guerre,
Sera Dieu fauorable, & sur mer & sur terre.
  Voila ses beaux destins ia desia commencez,
Comme ils furent promis par les siecles passez.
Il a ionché les corps sous sa dextre guerriere,
Et du mal-heureux sang fait rougir la poussiere.
  Il a comme vn Lion qui suit les serfs peureux,
Aellé ses ennemis, & d'vn cueur genereux,
Couru iusques aux bords des oublieuses ondes:

E ij

## LIVRE PREMIER.

(Par troupeaux esperdus) leurs ames vagabondes.
  Ils auoiët trop vescu sans Dieu, sans Foy, sans Loy.
Ils auoient trop vescu armez contre leur Roy.
Mais que leur a vallu la vengeance si lente:
S'ils la deuoient sentir doublement violente.
Et que leur ont serui tant & tant de pardons,
Implorez du haut ciel, quand les cruels brandons,
Trop prchains de leurs chefs les alloiët mettre en cëdre,
S'ils ont tout en vn coup par force fait descendre:
Ses foudres punisseurs, qui iustement poussez,
Tesmoignent la fureur des grans dieux courroucez.
  L'hôme est bien mal-heureux qui cerchant sa ruine
Irrite contre soy la clemence diuine,
De la grande douceur vient la grande fureur,
Et souuent le pardon fait renaistre l'erreur.
  Toutesfois i'ay horreur des playes qui resaignent
De leurs flancs descousuz, & leurs ames contraignent,
D'errer pariurement sur l'effroyable bord:
De l'implacable Stix, pour redoubler leur mort.
  Mais las à quel effort veu le siecle ou nous sommes:
N'auons nous pardôné, pour pardonner aux hommes,
Au contraire à quels maux à leur dam inhumains,
Pour les exterminer n'ont ils armé noz mains.
De quel lieu si sacré la richesse plus saincte,
N'a receu du soldat la sacrilege atteinte,
Quel Temple n'a enclos ses autels despouillez,
Et quel sang innocent n'a les glaiues souillez.
  O Deesse à mon vueil que sous vne autre enclume,
Apres auoir esteint l'ardeur qui nous allume,
Tu voulusses le fer de nouueau reforger,

Pour

Pour le tremper au sang de l'auare estranger,
Qui superbe se rit de noz peines souffertes,
Et versant l'huille au feu s'enrichit de noz pertes.

## ODE PINDARIQVE
A MONSIEVR, SVR SES
VICTOIRES.

### STROPHE I.

E Ciel, la Mer, & la Terre,
La Paix, la treue, & la guerre,
La concorde, & le discord,
Et tout ce qui vit au monde,
Dans l'air, sur terre, & sous l'onde,
Sont guidez d'vn mesme sort.
La mer enserre la Masse,
L'air tient les eaux en leurs lieux,
Le ciel tous ces trois embrasse,
Et Dieu embrasse les cieux.
Du corps mis en quatre pars,
Les membres lors inutilles,
D'immobilles faits mobilles,
Furent iustement espars,
Par la dextre inexpugnable:
Du tout creant Iupiter,
Qui ce corps feit agiter:
D'vne merueille incroyable.

E iij

### ANTISTROPHE.

L'esprit porté sur la face,
De ceste indigeste masse,
L'enuironnant tout autour,
Feit separer la matiere,
Pesante de la legiere,
Et la nuict noire du iour.
Puis de l'humeur amassee,
L'amas plus pesant & froid,
Feit la rondeur compassee :
Que d'vn serrement estroit
L'eau ou l'air contrebalance,
D'vn poix si ferme & esgal,
Que sans souffrir mesme mal,
Ne peut choir en decadence.
 Puis versant l'ame au dedans,
Et les semences du monde,
La rendit mere feconde,
Du ciel & des feus ardants.

### EPODE.

Par ceste amour coniugalle,
L'esprit qui monte & deualle,
Nourrit la Terre & les Cieux.
Elle vers le Ciel l'enuoye,
Et luy par la mesme voye,
L'a reuerse de ses yeux.
 Or donc ie veux en ces vers,

*Louer*

Louer mon Prince,& le maistre
De tout ce grand vniuers,
Dont il a tiré son estre.
C'est luy qui guide le sort,
Qui fait la paix & la guerre,
Qui bien & mal nous desserre,
Tenant la vie & la mort.

### STROPHE II.

Cleion,& vous Calliope,
Guidez moy dessus la croppe
Du mont:ou pour voir les Dieux,
Laissant mon corps en extase,
Sur le dos ælle Pegase,
Mon ame ira dans les Cieux,
Lire aux voutes azurees:
   Les beaux destins des Françoys,
Qu'en graueures acerees,
La Parque escript de ses doigts.
   Enflez d'vn feu d'Ellien,
Ma halettante poictrine,
Et que plain d'ame diuine,
J'imite le Thracien.
Chantant aux peuples estranges:
Combien est grand aux combats,
Mon Prince dont icy bas,
Je veux semer les louanges.

### ANTISTROPHE.

*Lors qu'affamez de la guerre,*
*Les fiers enfans de la terre,*
*Vouloient escheler les cieux.*
*Jupiter trois fois appelle:*
*Toute la troupe immortelle,*
*Sur l'Olimpe sourcilleux.*

    *Tous les Dieux en rond s'assemblent,*
*De ce grand Dieu tout autour,*
*Et courbans leurs genouls tremblent:*
*De voir qu'on prend leur seiour.*
    *Ainsi le Dieu des François,*
*Voyant forcer sa puissance,*
*Manda les estats de France:*
*Pour y replanter ses Loix.*

    *D'Apollon la main guerriere,*
*Executa leur vouloir,*
*Et ce Dieu tout son pouuoir,*
*Meit en la main de son frere.*

### EPODE.

*Quand Mars endosse les armes,*
*Pour au plus fort des allarmes,*
*Des siens soustenir l'honneur.*
*Du ciel la trouppe parfaitte,*
*A qui mieux mieux luy souhaitte,*
*Vn retour plein de bonheur.*
    *Ainsi chargeant le harnois,*

*Toutes*

Toutes noz belles deesses:
Meslant les pleurs aux caresses,
Vers le Ciel poussoient leur voix.
 Luy tout plein d'ardeur les laisse,
L'vne luy sacre des fleurs,
Et l'autre espenchant des pleurs,
Luy appand l'or de sa Tresse.

### STROPHE III.

Quand d'vn humble sacrifice,
Il se fut rendu propice,
La supresme Deité.
Ja desia germant sa gloire,
Rien que ce mot de Victoire,
Par luy ne fut recité.
 Comme l'oiseau de Iunon,
Reuoutant en arc sa queuë,
Mitourné ne fait sinon :
Sur elle ietter sa veuë,
Luy rouant ses bataillons :
Horribles dessus la plaine,
Joignant au plaisir la peine :
Les arrengeoit par cillons.
Puis marchant à graues pas,
Changeant l'espieu à la lance,
Sur le frond de ses soldats:
Alloit mirant sa vaillance.

## ANTISTROPHE.

Comme on voit quand la nuict sombre,
Eschange à la clairté l'ombre,
Qui nous desrobbe le iour.
Leuer la Lune immortelle,
Et baller tout autour d'elle,
Cent mille flammes d'vn tour.
   Alors que d'vn pied gaillard,
Bruslant dessous la cuirasse,
Plantoit dessus le Rampart:
L'honneur plus sainct de sa race.
Une troupe de guerriers:
Bouillonnante de combattre,
Sembloit par gestes debatre:
L'honneur des premiers Lauriers.
Auant dix ans les Achilles:
Ne furent victorieux,
Mais eux trop plus glorieux,
En vn moys ont pris deux villes.

## EPODE.

Comme vne Aigle genereuse,
De ses petis amoureuse:
Va moissonner leur repas,
Et toute ardante à la queste,
Volle en contournant sa teste,
Ores haut, & ores bas.
Les oiseaux qui par les bois,

*Entrecoup-*

Entrecouppent leurs ramages,
La voyant restent sans voix,
Tapis dessous les fueillages.
　　Ainsi desdaignant sa main,
Se couronnoient de sa gloire,
Quand par le fer sa victoire,
Leur engraua dans le sein.

### STROPHE IIII.

Ainsi qu'vn foudre terrasse,
Le sommet des monts de Thrace,
Quand ce grand Dieu redouté,
Herissant ses bras de veines,
De sang tout bouillonnant pleines,
Tient son corps en arc vouté.
Les corps morts de toutes pars,
Dessous l'horreur de sa foudre,
Les grands murs & les rampars,
Au vent se donnent en poudre.
Cachez dans leurs pauillons,
Les Dieux murmurent ensemble,
Dessus l'Olimpe qui tremble
Au choc de cent tourbillons.
　　Tout le Ciel est plein d'orages,
Chacun gaigne les autels,
Et tant mortels qu'immortels,
Laschent la peur aux courages.

LIVRE PREMIER.

ANTISTROPHE.

La triste tourbe fuitiue,
Tremblante attend sur la riue:
Du fleuue neuf fois tortu,
Et s'amassant à la foulle:
Comme vn tourbillon se roule,
Fuyant deuant sa vertu.
Charon les chasse du bord:
Mais helas la troupe palle,
Dit que son bras iuste & fort,
A hasté leur fin fatale.
Et la peur qui les conduit,
Au ioug des fureurs bourrelles,
Les entasse criminelles
Dessous l'eternelle nuict.
   L'horque beant en cent portes,
Engouffre l'obscur troupeau,
Puis Hecate en vn monceau:
Les estraint de chaines fortes.

EPODE.

Comme vn'fiere Lyonne,
Que la fureur espoinçonne:
Erre muglant par les champs,
Quand d'vne main larronnesse:
Vn berger rusé la laisse:
Vefue de ses petis fans.
Les campagnes & les bois,

Et les

Et les prochaines vallees,
Peu à peu portent sa voix
Dans les Roches reculees.
Ainsi les cris plains d'horreur
De la tourbe vagabonde,
Remplirent la Terre, l'onde,
L'air & le Ciel de terreur.

### STROPHE V.

Celuy qui ieune s'efforce
Pour recognoistre sa force,
Ne doit s'auancer trop tost.
L'oiseau peu seur de sa plume:
Bas volletant s'accoustume,
Enfin à voller plus haut.
Le desir qui nous egare,
Cuidant les cueurs allumer,
De Phaëton & d'Icare,
Les feit parrins de la mer.
Souuent le cheual felon,
Qui contre le Mors s'irrite,
Transporté se precipite,
D'vn roc au fons d'vn vallon.
Et la grandeur qui meprise
Le support de la vertu,
Côme vn grand chesne abbatu,
Esparse en poudre se brise.

F iij

## LIVRE PREMIER.

### ANTISTROPHE.

Quand la Deité enflame,
D'vn sainct feu vne saincte ame
Rien ne luy peut resister.
Qui donques aura l'audace,
De regarder face à face,
La race de Iupiter.

Iupiter veut qu'on adore,
Apres luy le sang des Roys,
D'autant qu'en eux on l'honore,
Puis qu'il leur donne ses loix.
Il leur a mis dans le poing
Le sceptre ennemy du vice,
Affin qu'en paix & iustice,
Ils ayent des peuples! soing.

Le temps ne les peut dissoudre,
Iamais leur regne ne faut,
Sinon par l'ire d'enhaut
Qui peut tout reduire en poudre.

### EPODE.

Celuy qui dompta d'Amicque
La force si fort inique,
Fut des meschans la terreur.
Et de mon Prince la dextre
Par le fer s'est fait cognoistre,
Le fleau des fils de l'erreur.
En vain on fuit le courroux

Du grand Tout, car quoy qu'il tarde,
De bras punisseurs il darde,
Sa vengeance dessus nous.
Pour neant le mortel tuide,
Les Sirenes euiter
S'il a fasché Iupiter,
Il tombera en Caribde.

### STROPHE VI.

Heureux trois & neuf fois l'homme,
Qui villement ne consomme
Ses beaux ans sans quelque honneur.
Si la Muse est immortelle,
Sa louange sera telle
Trouuant vn digne sonneur,
Qui la fera trop plus viure,
Grauee au front de ses vers,
Que si cent trompes de cuiure
La cornoient par l'vniuers.

 Les arcs que nos peres vieux
Consacroient à la memoire,
N'ont sceu retenir leur gloire
Malgré les ans dans les Cieux.
Mais si la Muse diuine,
Eust accompagné leur sort,
Contre le temps & la mort,
Eust remparé leur poictrine.

## ANTISTROPHE

Jeune encor i'oseray dire,
Qu'aux doux accords de ma Lyre,
La retastant de mes doigts,
Ie glisseray tes merueilles
Non aux humaines oreilles
Mais aux Rochers & aux bois.
Car retrassant les vieux pas,
Du docte fils d'Antiope,
Ne vollant ny haut ny bas,
I'inuoqueray Calliope,
La Muse qui tant de fois,
D'vne bouche assez profonde,
A remply l'entour du monde
Des vaillances de noz Roys.
  Luy se faisant suiure aux pierres
En bastit les Murs Thebains.
Puis d'industrieuses mains,
Ceignit ses temples d'Hierres.

## EPODE.

Et moy suiuant son exemple,
Ie veux esleuer vn temple
De victoire en ton honneur,
Dedans lequel ie puisse estre,
Seul recogneu pour ton prestre,
Seul digne de ta faueur.
Car ce temple sera fait

D'vne

D'vne matiere si forte,
Qu'il ne se verra deffait,
Par le temps qui tout emporte.
Ains s'y lira pour iamais.
FRANCOYS VRAY PRINCE DE
 FRANCE
NOVS A SEVL PAR SA VAIL-
 LANCE,
RAMENÉ LA SAINCTE PAIX.


## ODE A MONSIEVR.

### STROPHE.

'Auois desia par trois fois
Sur la Thracienne Lire
Couché L'archet & les doigts,
Pour voz louanges redire,
Quand le Daimon qui m'attire,
Sous les prophetiques Loix,
Se masquant d'vne feinte ire,
M'osta la main & la voix.

### ANTISTROPHE.

Trois fois le celeste chœur,
Qui sur Pinde se recree,
M'auoit entamé le cueur,
D'vne sagette sacree,

Luy tenant ma langue ancree,
Me dist enflé de rigueur,
Attens qu'en triumphe Astree,
L'amene trois fois vainqueur.

### EPODE.

Mon ame horriblant mes sens,
Comme vne antique prophete,
Pour mieux humer les accens
Du Dieu qui la tient subiette,
Sous l'image se posa,
Et vostre heur prophetisa.

### A MONSIEVR,
### SONET.

Si par la venerable & saincte antiquité,
   Le soldat qui sauuoit vn Citoien en guerre,
   De chesne ornoit son front, y a il sur la Terre
Des chesnes pour l'honneur que tu as merité.
Mais puis que tu es né de la diuinité,
   Et que sous ta grandeur toute grandeur s'atterre,
   Il faut que la rondeur qui tout le monde enserre,
Te serue de couronne & d'immortalité.
Toutefois qu'en l'honneur de ta ieune vaillance,
   Qui te rend le soleil & l'appuy de la France,
   Ayant tiré du Ciel son repos pour iamais.
Attendant que les dieux immortels te couronnent,
   Comme Sauueur, Vainqueur, & Pere de la paix,
   Le Chesne, le Laurier, l'Oliuier, t'enuironnent.

## A MONSIEVR.
### SONET.

Nul Prince dont le nom soit escrit en histoire,
 Soit de l'humaine race, ou soit du sang des dieux,
 N'a d'vn triple laurier ceint son front glorieux,
 Estant trois fois heureux par vne triple gloire.
Nul Prince en son printemps d'vne triple victoire
 Ne s'est encor assis au rang des demy-dieux:
 Et nul n'a (fors Achil) eu en don des hauts Cieux,
 Vn qui ayt tesmoigné ses faicts à la memoire,
O Prince tu es donc seul trois fois bien heureux,
 Tu es enfant du Ciel trois fois victorieux,
 Et nourris le sonneur de tes sainctes louanges.
Puisse à iamais le Ciel & la Muse & le Sort,
 Vaincre tes ennemis l'oubliance & la mort,
 Te rendant immortel en la troupe des Anges.


## ODE A MONSIEVR SVR
### VNE COVRSE.

Les Dieux tiennent des humains
Le sort doubteux en leurs mains,
Tout à leur vueil se termine:
Les ans, les Moys, & les iours
Par eux renaissent tousiours,
Sous le tour de la machine.

## LIVRE PREMIER.

Si ( ô Muſe) és ſiecles vieux
Tu as porté dans les Cieux
Le bruit de quelque victoire,
Quel Prince merite mieux,
D'eſtre aſſis au rang des Dieux,
Qu'vn qui eſgalle leur gloire.

Si tu as Cadme chanté
Si tu as encor vanté,
Vn Briare ou vn Antee,
O Muſe adreſſe ta voix,
A luy qui au front des Roys
A ſa victoire plantee.

Arrache des gouffres ords
Les palles ombres des morts,
Et d'vne merueille eſtrange,
Tire les oyſeaux de l'Air,
Et les poiſſons de la Mer,
Puis chante ainſi ſa louange.

Par les globes tout autour,
Chaque aſtre luit à ſon tour,
Selon ſa force ou ſa place,
Leurs feux redorent la nuict,
Mais lors que le ſoleil luit,
Leur foible clairté s'efface.

Chaque oyſeau taſche voller,
Haut, par le vague de l'air,

*Autant*

Autant que son æsle est prompte,
Mais l'aigle chery des Dieux
D'vn vol plus audacieux,
Jusqu'au char du soleil monte.

La lente course des eaux,
De mille argentins ruisseaux
Murmure d'vne voix molle,
Mais du torrent orgueilleux,
Le rauage impetueux
Bruit de l'vn à l'autre Pole.

Ainsi qu'entre les Zephirs,
Qui de leurs tiedes soupirs,
Frisent la liquide plaine,
Le brusque Aquillon ronflant,
Esteint leur bruit & s'enflant,
L'entrouure iusqu'à l'areine.

Ainsi qu'vn chesne, en cent pars,
Estendant ses bras espars
Ornez de mille Trophees,
Pour sa superbe grandeur,
Fait honorer sa verdeur
Sur les montagnes Riphees.

Ainsi que parmy les fleurs
Riches de mille couleurs,
Le lis paroist & se dresse,
Entre tous ces cheualiers,

F iij

## LIVRE PREMIER.

Qu'on renommoit les premiers,
S'est recogneu sa prouesse.

Au son des cors furieux
Qui ont estonné les Cieux
D'vn sinistre accord de guerre:
Le puissant Dieu des combats,
Sous sa forme en ces esbats,
A voulu descendre en terre.

Ou de sa diuine main,
Guidant la lance & le frain,
L'a fait vainqueur de la course:
Puis dans leurs chars atelez,
Luy & Phebus sont allez
Au seiour de la froide ourse.

Mais encor les Deitez,
N'ont ses honneurs limitez,
Par ceste seulle conqueste,
Ains veullent qu'en son printemps
Mille Lauriers verdissans
Luy fleurissent sur la teste.

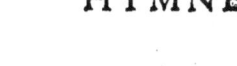

## HYMNE AV ROY,
### SVR LA PAIX.

Ige des iustes Dieux, seur rampart des
 Françoys,
Qui nous auez fait voir douze ans en
 douze moys,
Reuenez (ô bon Roy) & rendez la lumiere,
A celle qui n'a plus sa clairté coustumiere,
Mais sent pour vostre absence vne trop longue nuict.
Car lors que vostre face autour du peuple luit,
Le iour renaist plus beau, & d'vn tour agreable
Fait que le beau soleil nous voit plus fauorable.
 Comme vne vraye mere appelle son enfant
Par prieres & vœus, lors qu'vn contraire vent
D'vne enuieuse erreur l'a voué au naufrage,
Sans cesse iette l'œil sur le courbe riuage,
Et de mains & de voix le redemande aux Dieux,
S'il n'a reueu son port auant que l'œil des cieux
Ayt reuolu son cours. Ainsi la ville attainte
D'vne fidelle amour, forme vne triste plainte,
Et demande son Roy, affin que ses troupeaux
Puissent en seureté hanter au long des eaux:
Affin que le Ciel rie, & que l'alme abondance
Nourrisse heureusement chaque peuple de France:
Que la Terre ou la Mer soit traictable au marchant,
Que la iuste vengeance atterre le meschant,
Que la chaste maison ne soit de rapt souillee,
Et la candide Foy de candeur despouillee.
 Si des Dieux souuerains les Rois tiennent les Loix,

## LIVRE PREMIER.

Et qu'icy les mortels tiennent les Loix des Roys,
Qui craindra desormais l'enfantement horrible,
De l'Amazonienne, & l'audace terrible
Du soldat Bazané ny des Tritons couuers,
Pendant qu'vn fort Henry regira l'vniuers,
Et que de sa grandeur Seine au bruit de son onde,
Emplira la grand mer & la Mer tout le monde,
Qui pour le reuerer au rang des immortels,
Fera en son honneur consacrer mille autels.

 Premier que le grand Dieu auteur de toutes choses,
Eust du ventre embrouillé les semences desclozes,
Et que les Elements pelle-mesle entassez,
Fussent comme ils sont or iustement compassez,
Le feu enueloppé de la bourbe premiere,
Se couuoit otieux sans aucune lumiere,
L'air encore estouffé n'empoulloit ses nuaux,
La Terre auec le Ciel estoit couuerte d'eaux,
Les Globes estoient ioincts, la vertu & le vice,
La discorde & l'accord, la Fraude & la iustice,
Le iour auec la nuict, la guerre auec la paix,
L'amour auec la haine, en vn monceau espais :
L'vn parmy l'autre erroient, & nature confuse,
N'auoit en aucuns lieux sa puissance diffuze.

 Mais lors que son esprit grand en eternité,
Eut sous vn ordre esgal son proiect limité,
Toute chose eut son lieu, & d'vne amour iumelle,
Par discordans accords, fit la Chesne eternelle
De ses indiuidus, qui par chesnons diuers
Contrechesne & retient tout ce grand vniuers,
Monstrant comme le neud de la saincte concorde,

          D'vne

## LIVRE PREMIER.

D'vne eternelle foy les extremes accorde.
 Or la guerre est vn lac qu'il rengouffre dans soy
La loy auec le vol, l'iniustice & la foy,
Le bien auec le mal, l'amour & la discorde,
L'heur auec le mal-heur, la haine & la concorde:
Tellement qu'engendrant vn general repos,
Vous auez comme vn Dieu disposé le Chaos,
Et retirant la paix de ses noires entrailles,
Chassé l'horrible effroy des horribles batailles,
Banny le cruel Mars en noz maux violant,
Et planté l'Oliuier dessus son front sanglant.
 Mais, ô treschrestien Roy, quelle humble diligence
Des sacrez Parlemens & des Bourgeois de France,
Pourra eterniser voz diuines vertus
Par leurs pompeux arrois? quels portaux reuestus
De Chesne & de Lauriers, quelles diuerses gloires
Honoreront assez voz diuerses victoires?
Quels marbres animez d'vn art industrieux,
Quels beaux arcs dont le front sourcille dans les Cieux,
Quel pillier Ionique, & quel terme Dorique,
Quel art Corinthien, ou quel labeur Attique,
Porteront sur leur chef le nom d'vn si grand Roy?
Quels registres publics pour iamais feront Foy,
Du bon-heur qui nasquit quand le Ciel fauorable,
Vous feit naistre en la Frāce aux Frāçoys secourable?
 O Prince le plus grand qu'illustre le soleil,
Esgallant tout le monde & n'ayant vn pareil,
Les subiets ignorans combien l'amour diuine
Est grande enuers les Roys, à leur triste ruine
Ont n'agueres senty refoulez de voz pas,

H

## LIVRE PREMIER.

Combien vous estes grand aux loix & aux combats.
Car le diuin françoys en armes redoutable,
Par vostre heur a defait le rebelle imployable:
Boulleuersé, tranché, & froissé maintefois
Les ramparts gardiens, les corps, & les harnois,
Conuertissant leur force & leur orgueil en poudre.
Tel que l'oiseau sacré ministre de la foudre,
Auquel le Roy des dieux pour sa fidelité,
Donna sur les oiseaux l'Empire merité.
Que iadis sa ieunesse, & la vertu du pere,
D'vn hazart inapris a poussé hors de l'aire,
Inexpert aux combats, puis fait plus vigoureux,
Acharné s'est rué sur les troupeaux paoureux,
Ferme-aillé par la faim, & bouillant de combatre,
Cerché les gros dragons aux deserts pour les batre.
  Ainsi sous vostre bras cest aigle braue & fort,
Par vn heureux auspice a vouez à la mort
Les cueurs qui regermoient la liberté rebelle.
  Et comme Auster ronflant sous la danse iumelle
Des sept filles D'atlas, defonceant les nuaux,
Tourne hideusement les gemissantes eaux,
Et tourmente les flots d'vne bouillante rage.
  Sainctement agité d'vn Martial courage,
A tranché les scadrons, & poussé par les feus,
Vn courcier escumant sous le foudre poudreux.
  Ou bien cōme on voit Loire aux riues sabloneuses,
Desracinant ses eaux des montagnes neigeuses,
Rouller tourbillonneux, & d'vn bruit vehement,
Par la sourde fureur d'vn fier desgorgement,
Menacer les vallons d'vne prompte ruine.

            Ainsi

## LIVRE PREMIER.

Ainsi par ce grand Duc la vangeance diuine,
A trois fois moissonné l'amas seditieux,
Sous le glaiue forgé par le feure des dieux,
Couurant des corps ferrez la campagne sanglante.
   Comme on voit chacun lors que la veuë ardante
Du clair chien d'Apollon a deseiché les champs,
Les sillons se ioncher des espics tresbuchans
Sous le fil dentelé de la faucille courbe.
   Puis sans perte vainqueur de la tremblante tourbe,
Par l'heur saict qu'ë voz mains le haut ciel auoit mis,
Desiré de vous, Sire, & craint des ennemys.
   Lesquels cōme un cheureuil qui loin de la mamelle,
Dans le fons d'un valon broutant l'herbe nouuelle,
Apperçoit un Lion, & ia prest à mourir,
Par la cruelle dent s'efforce de courir,
Et prolongeant fuiart sa peur & non sa vie,
Croist de son deuoreur la deuorante enuie.
   Eux ensiellant son miel couroient de fort en fort,
Et fuyant le pardon alloient trouuant la mort.
   Ayant donc de Lauriers ses temples estofees,
Est retourné vers vous honoré de Trophees,
Vous sacrer le vaincu & le victorieux,
Tesmoings de la faueur que vous auez des cieux.
   De Saturne chagrin la peruerse influence,
Plongeant la France en dueil, & le dueil en la France,
Germoit au plus haut ciel malgré les deitez :
Noz destins desastrez, lesquels precipitez,
Faisoient naistre alenuy ceste hydre rauissante,
Qui grosse de venin, hydeuse, & renaissante,
A tousiours resisté à noz plus forts efforts,

H ij

## LIVRE PREMIER.

Entant en vn moment cent testes à son corps,
Jusqu'à ce que Iupin triplant la nuict humide,
Auec vne autre Alcmene, eut fait vn autre Alcide,
Auquel massant le poin, & empennant le cueur,
Donna le beau surnom d'inuincible vainqueur.

 Rien ne dure tousiours, tout se change & se tourne,
Et le bien & le mal plus d'vn temps ne seiourne:
Tousiours les Aquilons n'esbranlent les rochers,
Tousiours l'ireuse mer n'engloutit les Nochers,
Tousiours l'air espaissi d'orage & de tonnerre
De gresle à petis bons ne refrappe la terre:
Tousiours il ne fait chaut, & tousiours arriuer
On ne voit sur les monts les bruines d'hyuer:
Tousiours le Tout-voyant, de sa dextre puissante
Ne brandit sur noz chefs la foudre punissante:
Et tousiours sa senestre abondante en bon heur
Ne nous verse les biens dont il est le donneur.

 Apres que le destin pere de la fortune,
Eut fait errer Vlysse au plaisir de Neptune,
Sous le tour de dix ans, ou par mille dangers
Veit les murs & les mœurs des peuples estrangers:
Ce grand Saturnien pere des destinees,
Voulut voir tout d'vn coup ses erreurs terminees,
Lors que d'vn front chagrin ply sur ply renfrongné,
Du sacré coutelas à deux mains empoingné,
Par vn reuers forcé de bras noirciz de veines,
Trancha comme vn esclair la trame de ses peines.

 Ainsi voyant vostre âge en trauaux escoullé,
Pour ne voir d'Enyon vostre sceptre foullé,
A dompté par la paix tesmoignant sa clemence,

La

La fureur qui perdoit la France dans la France.
  Vlysse eschappa Circe, & fuit Callypson,
Vouant à son païs son plus cher nourrisson,
Et serrant dans vn bouc les ames Traciennes,
Reuit de ses ayeuls les vrnes anciennes.
Vous auez desdaigné les sceptres esloignez,
Que le braue renom de voz faits tesmoignez
Vous auoit fait offrir pour la couronne saincte,
Qui des Roys voz ayeuls la graue teste a ceinte.
  Luy trouuant des dangers le pire à son retour,
Des amants mal-heureux forcea le dernier iour,
Guidé par le conseil de la docte guerriere,
R'embrassa Penelope encor chaste & entiere,
Et plus chargé d'honneurs, de biens, & de raison,
Escoula doulcement ses iours en saison.
  A vostre retour, Sire, encor plus admirable,
Vous auez terrassé la Cohorte indomptable
Du riual estranger, qui d'illicite amour,
Joignant la fraude au fer, poursuiuoit nuict & iour
Vostre vierge couronne, ou le ciel vous conserue,
Par le diuin conseil d'vne saincte Minerue,
Par le fidelle amour, & le cueur genereux,
D'vn autre Telemaque, affin que bien-heureux
Vous puissiez viure Roy vainqueur, paisible, & iuste,
L'âge mieux fortuné du plus heureux Auguste.

### FIN DV PREMIER LIVRE.

H iij

## SONETS DEDIEZ
### A L'AVTHEVR.

Plusieurs ont creu l'amour estre vne passion,
  Qui ne peut bien au vif se voir representee,
  Que par ceux qui en eux l'ont experimentee,
  Poucez d'vne fureur d'extreme affection.
Qu'on ne s'abuse plus de ceste opinion,
  Nuysement auiourd'huy a ceste erreur ostee:
  Car Telie en ses vers si doctement chantee,
  N'est sinon qu'vne simple imagination.
Toutefois il a sceu si viuement despaindre,
  Les effects de l'Amour: que triste l'oyant plaindre,
  Il contraint vn chacun à pleurer son malheur.
N'a il donc merité [...] vne œuure si belle,
  Qu'on celebre en son nom vne feste annuelle,
  Puis qu'il a de la France arraché vne erreur.

    FRANCOISE DE LA ROCHE-
FOVCAVT.


O vous diuins esprits dont la saincte origine
  Monstre assez clairement vostre diuinité,
  Receuez ce qu'vn cueur plein de sincerité:
  Vous offre pour tesmoing de son amour diuine.
S'il n'a voué ses ans a la molle Cyprine,
  Ce n'est faute d'ardeur & de fidelité:
  Mais luy ne pouuant estre icy bas merité,
  S'est d'vn celeste feu embrasé la poictrine.

                             S'il

S'il est honestement d'vne Idee amoureux,
   Croyez le neantmoins en aymant bien heureux:
   Pour n'estre moins aymé de sa chaste Telic.
Qui cognoistra le but de ses affections,
   Jl sçaura le parfaict de ses perfections,
   Bien-heurant ses vertus, ses amours, & sa vie.

      C. DE MALLESSEC.
  NEC SPES, NEC METVS.


## TELIA AD LECTOREM.

Si iuuenem placuit nostris consumere flammis,
   Hoc fuit, vt toto notior orbe foret.
Ignis erat, cineri sed adhuc suppostus amici,
   Nec, quæ suppositum flamma notaret, erat.
Cùm subito è nostris, fœlix conspectus, ocellis
   Visceribus cœpit gliscere flamma suis.
Magnus inest ardor, magnum iam magna poëtam
   Flamma tenet, quem iam Gallia magna canit.
Laus sua si volitat totum dispersa per orbem,
   Authorem capiet solis vtrinque domus.
Fœlix quæ potui tantos versare calores,
   Cùm mea iam lustret cognita forma solum.

# VOEV.

Vovs grand Iupiter, vous Ciel, & vous Nature,
Qui creez, qui couurez, & qui formez tous corps,
Regissant, compassant, & guidant par accords,
Le cueur, l'œuure, & les sens de toute creature.
Vous troupeau qui maschez l'immortelle verdure,
Vous Dieu qui embouchez les prophetiques cors,
Et vous qui prodiguant voz plus rares tresors,
M'auez mis au sommet de vostre architecture.
Si vous auez daigné, comme vn astre nouueau,
Me voir luire entre vo° sur vostre sainct couppeau,
Engrauez sur voz fronts d'vn fer exempt d'outrage:
NVISEMENT POVR MONTRER QVE
PEVT vne beauté,
Nous a sacré ses vers qui ont l'âge dompté
Et appendu son cueur aux pieds de ceste image.

LE

# LIVRE SECOND.

## *AMOVRS.*

### Premier sonet.

Viconque voudra voir comme
 vne saincte Idee
S'escloſt en noz eſprits, & ſ'op-
 poſe à noz yeux:
Comme elle nous remarque vn
 ſentier dans les cieux,
Et comme en haut vne ame eſt par elle guindee.
Quiconque voudra voir la ieuneſſe guidee,
 A ſuiure heureuſement vn obiect precieux:
Qui les humains eſprits eſgalle aux puiſſ.ās Dieux,
Et leur ouure vne voye eſtroictement gardee.
Qui voudra voir d'amour ame de l'vniuers,
 Les plus ſacrez ſecrets, vienne lire ces vers,
 Il cognoiſtra quelle eſt ſa puiſſance diuine :
Il verra ce que peut pour dompter la poiſon
 De la debile erreur, l'inuincible raiſon.
 Et qu'elle eſt la clairté qui mes ſens illumine.

       I

## LIVRE SECOND

### II.

Facent or mes mal-heurs forceant ma destinee,
  Irriter tous les Dieux inuoquez en mes vœus:
  L'Air, la Terre, & les Eaux, la machine, & ses Feus,
  Influans ma misere iniustement donnee.
Pluton puisse à ma mort pour ma fin terminee,
  En couleureaux retors eschanger mes cheueux:
  Sur le dos d'vn rocher serré de mille neus,
  Ciller mes yeux d'horreur côme au pauure Phinee.
Les Dieux, les cieux, les feus, l'air, la terre, & les eaux,
  Auront pour me contraindre à si penibles maux,
  Vn debile pouuoir veu l'astre qui m'esclaire.
Si tous les Elemens sont bandez contre moy,
  Son œil pour me garder seul forcera leur loy,
  Et vaincra mes mal-heurs & le destin contraire.

### III.

O diuine beauté qu'vniquement ie sers,
  Qui seule peus choisir ton beau nom dans ce liure:
  Graué pl<sup>9</sup> dur qu'en fer, qu'en metal, ou qu'ë cuiure,
  Affin de ne perir qu'auec tout l'vniuers.
Reçoy pour humbles vœus, & mon cueur, & mes vers:
  L'vn destiné du Ciel en naissant pour te suiure,
  L'autre donné des Dieux pour te faire reuiure,
  Et conter nostre amour à cent peuples diuers.
Mon cueur prendra de toy vne eternelle vie,
  Mes vers te rauiront à la Parque ennemie,
  Et la Muse, & l'Amour, nous rendrõt immortels.
O belle deité: sois moy donque propice,
  Affin qu'à tout iamais on sacre à noz autels,
  Le Mirthe, & le Laurier, pour humble sacrifice.

*Si com-*

## AMOVRS.
### IIII.

Si comme l'Ascrean dessous la double Sime,
   J'auois plongé ma soif dans la Pegaside eau:
   Ou si le Delien infus en mon cerueau,
Polissoit mes escris d'vne songneuse lime.
Si i'estois du trouppeau dont on fait plus d'estime,
   Je peindrois ton renom si parfait & si beau,
   Que l'vnique labeur du Mausolé tombeau,
N'esgalleroit en rien la beauté de ma rime.
J'escrirois tes beautez compagnes d'vn sçauoir:
   Je dirois les vertus qui te font apparoir,
   (Comme vn lis sur les fleurs) l'ornement de cet âge.
Mais n'estant agité de si graue fureur,
   Ains lentement esmeu d'vne Pannique erreur,
   J'appen a ton autel ce mien petit ouurage.

### V.

Amour pour se venger de ma rebelle audace,
   Et punir en vn iour mille crimes commis:
   Reprit son arc douté, & ses traits ennemys,
Espiant de ma mort & le poinct, & la place.
Ma force s'estoit iointe à mon cueur ceint de glace,
   Pour defendre mes yeux à la sienne sousmis:
   Lors que le coup mortel iusqu'en l'ame transmis,
Graua dessus mon cueur les beaux traits de ta face.
Qui çà qui là dans moy la force & la raison,
   Esperdument erroient yures de sa poison:
   Et sans me secourir s'efforçoient au contraire.
Ainsi mon cueur d'aimant s'amolit tout d'vn coup,
   Ma force & ma raison s'attacherent au ioug,
   Idolâtres du Dieu qui m'est plus aduersaire.

I ij

## VI.

*Ta vertu, ta bonté, & ta rare valeur,*
 *M'ont tellement charmé les yeux, les sens, & l'ame:*
 *Qu'il n'y a trait, lien, ny amoureuse flame,*
 *Qui plus blece, garrotte, & embrase autre cueur.*
*C'est le fer, le cordeau, & l'ardant feu vainqueur,*
 *Qui me poinct, qui me tiët, qui viuemët m'enflame:*
 *C'est l'vnguent, le couteau, & l'eau que ie reclame,*
 *Pour guarir, deslier, & dompter mon ardeur.*
*Voila ceste vnité qui (soudain t'ayant veuë)*
 *Entama, prit, brusla, ma pauure ame deceuë:*
 *Mais la voix, le poil, l'œil qu'il me faut adorer,*
*C'est le trait, c'est le rets, c'est la viue estincelle,*
 *Qui me poinct, prëd, & brusle en t'aimät ma rebelle,*
 *L'vnguent, le glaiue & l'eau, qui me peut restorer.*

## VII.

*Auoir pour geniteurs Iupiter & Latonne,*
 *Estre deesse en Terre, & second astre aux Cieux,*
 *Gesner l'ombre des morts sous l'Orque stigieux,*
 *Et porter sur le chef vne triple couronne.*
*Cela n'esgalle en rien la vertu qui rayonne,*
 *En ta pudique face: ou les tout voyans dieux,*
 *Ont planté comme au ciel deux astres radieux,*
 *Sous vn globe iumeau qui leur rond enuironne.*
*Luire sous le Soleil, sous Pan chasser és bois,*
 *Receuoir aux enfers les Plutoniques loix,*
 *C'est estre seulement de trois deitez serue.*
*Mais tu n'as autre ciel, ny deité que toy,*
 *Tu tiens Phœbus, & Pan, & Pluton sous ta Loy:*
 *Son trait nous va tuant, & le tien nous conserue.*

           Si tu

## VIII.

Si tu as sur le flanc vn cor & vne lesse,
   Si dans ta belle main tu tiens vn arc Turquois,
   Et si tu pens au col, plein de traits, vn carquois,
Chacun te cuidera la vierge chasseresse.
Mais si tout ce harnois en vn coin se relesse,
   Et qu'vn tuyau de signe enserré de tes doigts,
   Trace sur le papier les traits que tu conçois:
Chacun te nommera l'inuincible Deesse.
Puis pressant vn beau luth sur ta blanche poictrine,
   On te dira des sœurs de la troupe diuine:
   Bref soit que sur ton flanc, sur ton dos, en ta main,
Arc, lesse, cor, carquois, plume, & luth tu assembles:
Nul ne te iugera estre du genre humain,
   Car à ces Deitez seulement tu resembles.

## IX.

Oeil bel œil, ornement des hommes & des dieux,
   Oeil qui ciel, terre, & mer, d'vn seul clin illumine:
   Oeil duquel ce grand œil qui luit par la machine,
Emprunte chacun iour ses beaux feus radieux,
Oeil qui peux rendre clairs les enfers tenebreux,
   Oeil sous qui nuict & iour par l'obscur ie chemine,
   Oeil qui peux asseruir toute grandeur diuine,
Par l'esclair enchanté d'vn rayon gracieux:
Oeil bel œil qui bruslez & nourrissez mon ame,
   Oeil bel œil qui dardez mainte amoureuse flame.
   Au plus profond de moy esgarant ma raison,
Si vous m'auez blessé seruez moy d'vn Achille,
Si estes mon venin d'vn scorpion vtile,
   Faisant naistre en mon mal ma propre guarison.

I iij

## X.

Comme on voit en esté une bruiante nue,
   Que le roide Aquilon va parmy l'air roulant:
   Pleine de tous costez se creuer grommelant,
   Et vomir le discort qui la rendoit esmeue:
Tantost embraser l'air d'une flame incogneue,
   Tantost semer la gresle, & d'un tour violent,
   Rouer un tourbillon qui noir se deuallant,
   Enueloppe le chef d'une roche chenue.
Ainsi mon estomac comblé d'amoureux feu,
   Qui de tes chauds regards croist tousiours peu à peu,
   Veut vomir la douleur qui le brusle & l'entame:
O beaux cheueux, bel œil, ô glace, ô flame, au-moins,
   Puis qu'auez pris, espris, gelé, bruslé mon ame:
   Cognoissez mõ amour dõt mes maux sont tesmoins.

## XI.

D'une incroyable amour, d'un desir, d'une crainte,
   La chaleur, l'esguillon, & la morne froideur,
   A languir, s'esgarer, & geler en l'ardeur,
   Sourde, aueugle, & muette, ont mõ ame contrainte.
Je n'ose descouurir mon affection sainte,
   Bruslé, point, & glacé, ie couue mon mal-heur,
   Et taschant d'amoindrir l'effort de ma douleur,
   Je deçoy ma raison par une fable feinte.
Helas mon cher Soleil, cognois donc mon esmoy,
   Mon desir, & ma peur, prenant pitié de moy,
   Comme d'un criminel, qui gesné par le cable
Sent l'angoisseux tourment, & ne s'ose escrier:
   Car ie suis à la chaisne, & ne t'ose prier,
   Toy qui peux seule oster la douleur qui m'acable.

*O Dieux*

## XII.

O Dieux que sens-ie en moy, si ie ne sens Amour?
Si c'est luy que ie sens, quel peut estre son estre?
S'il est bon, d'ou prouient le mal que ie sens naistre?
Sinon, qui me contraint le cercher nuict & iour?
Si ie brusle à mon gré, qui trouble mon seiour?
Sinon, qui me fait or l'auouer pour mon maistre?
O doux fiel, viue mort, par vous i'ay peu cognoistre:
Que l'heur & le mal-heur nous virent tour à tour.
Si ie suis consentant, à tort ie me lamente,
Dedans ma fraisle nef sur la mer violante:
Sans mast, sans gouuernail, sans astre, & sans fanal.
En ces extremitez de toute raison vuide,
Surmonté de l'erreur: qui sera meilleur guide,
Ou la rage, ou l'espoir, à mon bien, ou mon mal.

## XIII.

Amour pour foudroyer les hommes & les Dieux,
Non du feu dont Vulcan en sa cauerne basse,
Le tonnerre sifflant sur son enclume amasse:
Ains d'vn autre incogneu au monde spacieux.
Ardantement ialoux de voir que des hauts Cieux,
de son bras rougissant Iupiter seul terrace,
Le sommet des rochers qui le contremenace:
Rabaissant leur orgueil d'vn esclat furieux.
Dans mon chaut estomac il feit vne fournaise,
Il prit vostre froideur, & ma cuisante braise,
Les rayons de voz yeux, mes souspirs, & mes pleurs:
Et du tout mis ensemble il forgea son tonnerre,
Ses esclairs, ses nuaux, pleins d'eaux, vents, & cha--
Dōt ore hōmes & dieux foudroyāt il atterre. (leurs.

XIIII.

*De Pampre est couronné le chef du Bromien,*
*Et du Mirthe amoureux la molle Cyprienne,*
*Le Houx est consacré à la Latonienne,*
*Le Laurier est voué au pasteur Pithien:*
*Le funeste Cipres au dieu Thenarien,*
*Les œillets & les lys sont à la Florienne,*
*Les nourriciers épicts à la Sillenienne,*
*Et au Dieu belliqueux l'arbre Dodonien.*
*Tu n'aymes le Pamprier, ny la folle amoureuse,*
*De t'abreuuer de sang tu n'es point desireuse,*
*Mais tu as l'esprit vif, le courage hautain:*
*Il faut donc te vouër le Laurier, & le Chesne,*
*Il faut de mille fleurs t'esmailler vne chesne,*
*Et pour nourrir les arts te consacrer le grain.*

X.

*Si ce fut ta beauté qui fut mon homicide?*
*J'accuseray mes yeux trop hardis de la voir.*
*Mais quel tort ont mes yeux s'ils ont fait leur deuoir,*
*J'en doy plustost blasmer mon esprit qui les guide.*
*Si tes graues discours par mon oreille vuide?*
*Ont assailly mon ame, elle qui a pouuoir*
*Sur ce qui est mortel, ne deuoit receuoir*
*La cause de mes maux, d'vne main si auide.*
*L'ame ne se repaist de tant de cruautez,*
*Mais l'œil tost aueuglé de si rares beautez,*
*Logea dedans mon cueur le mal qui me transporte.*
*Donques puis que l'Amour sceut entrer par mes yeux,*
*Pour s'emparer du cueur: si ne m'apporte mieux,*
*Ie veux que par mes yeux hors de mõ cueur il sorte.*

Quoy

## XVI.

Quoy vous l'auez donc dit ma cruelle Bellonne,
  Comme par vn desdain que ie suis vostre rien :
  Vrayment vous m'honorez, & ne sçauez cõbien,
  Car vn si grand honneur à chacun ne se donne.
De l'air, de l'eau, du feu, rien iamais ne s'estonne,
  Rien n'a ombre ny corps, rien n'a ny mal ny bien,
  Rien ne craint la fureur d'vn Prince terrien,
  Rien n'a peur qu'au besoin le secours l'abandonne.
L'air ne peut l'infecter, l'eau ne le peut dissoudre,
  Le feu n'a le pouuoir de le reduire en poudre,
  Par nul empeschement son cours n'est arresté :
Tout ou beaucoup ne peut à rien faire dommage,
  Mais tous deux vne fois luy doiuẽt rẽdre homage :
  Regarde donc l'honneur que tu m'as appresté.

## XVII.

Je ne suis point ce Dieu qui plain de folle rage,
  Poursuiuit ta beauté : lors que parmy les prez,
  Tu recueillois l'esmail dont ils sont diaprez,
  Apres le morne hyuer qui leur beauté saccage.
Je ne suis ce soldat qui du Troyen pillage,
  Remplit mille vaisseaux dedans Sigee ancrez :
  Qui du sang de Priam fit maints glaiues pourprez,
  Escarlattant les flots du Theucrien riuage.
Je ne suis point encor ce Roy Tenarien,
  Qui portant à son flanc le tan Venerien,
  Sortit hors des enfers pour rauir Proserpine :
Mais helas ie suis bien vn Hercule second,
  Et toy ma Dianire, ayant dans ta poictrine,
  La glace qui me gelle, & le feu qui me font.

K

## XVIII.

M'as tu esprouué tel que ce Troyen pariure,
  Qui fuyant le tranchant des Gregeois coutelas,
  Fut receu de Didon triste, affamé, & las,
  Cerchant parmy les flots sa chetiue auanture.
Ay-ie pour te tromper controuué quelque augure,
  Ay-ie feint qu'en songeât le cher nepueu d'Atlas,
  M'ait chanté mon destin: & t'ay-ie encor (helas,)
  Payee ainsi que luy de mainte & mainte iniure.
Non non, (ô sort cruel) tu m'as trouué ce Roy,
  Cest Hiarbe loyal qui l'ayma plus que soy,
  Et qui sous elle auoit sa puissance asseruie:
Mais toy en ton mal-heur ainsi qu'elle obstinee,
  Tu refuses mon vœu pour celuy d'vn Ænee:
  Qui laschera au vent ton honneur & ta vie.

## XIX.

Si l'Amour la brusla d'vne flame secrette,
  Pour le fard qui ornoit ce Phrigien soldart?
  Si Venus sceut briser son fidelle rampart,
  Pour la faire imiter la colchide indiscrette?
S'il luy est aduenu comme à celle de Crette,
  Qui rapelloit en vain son Thesee à l'escart:
  Sentant au cueur le coup de l'homicide dart,
  Et l'erreur du sommeil qu'encore elle regrette?
Qui peut elle accuser de son mal ourdisseur,
  Ou son œil trop suptil, ou Ænee, ou sa sœur:
  Les deux n'en pouuoient mes, l'œil seul l'auoit gui-
Elle ne deuoit donc Hyarbe refuser: (dee.
  Tu ne dois me fuyant d'vn autre t'abuser,
  De peur d'estre Didon, Ariadne, & Medee.

*Quel*

## XX.

*Quel feu tousiours bruslant,& quel tison gommeux,*
  *Quelle fournaise(ô Dieux)dedans les os cachee,*
  *Brasilloit sang & sens de la pauure attachee,*
  *Ainsi qu'vn Promethé sur le roc mal-heureux?*
*Elle auoit à son flanc l'esperon amoureux,*
  *Elle auoit dans l'esprit l'ombre de son Sichee,*
  *Toutefois cest enfant de sa darde fichee,*
  *Luy feit mettre en oubly ce souuenir ombreux.*
*Perdant les mats souflez de la flotte suiuie,*
  *Perdit le sens ensemble,& l'honneur & la vie,*
  *Demourant comme vn tronc sans alleine, & sans*
*Voila,voila comment la chetiue effrenee,*  (cueur.
  *Prodigua pour changer Hiarbe auec Ænee,*
  *Son bien,son sens,sa vie,& souilla son honneur.*

## XXI.

*Je ne puis trouuer paix & n'ay ou faire guerre,*
  *J'espere au desespoir,ie brusle & suis en glace:*
  *Sans pouuoir rien tenir tout le monde i'embrasse,*
  *Et tel m'a prisonnier qui ne m'ouure ou reserre.*
*Je volle sur les Cieux & languis en la terre,*
  *Je forcene d'amour & iamais ne m'en lasse.*
  *L'on ne veut que ie viue & moins que ie trespasse,*
  *Et tel ne me veut point qui mon las ne desserre.*
*Je voy sans yeux,i'oy sourd',& sans langue ie crie:*
  *Je cerche ma ruine & le secours ie prie,*
  *Je veux mal à moy-mesme & vn chacun i'honore:*
*Je me pais de douleur,pleurant faut que ie rie:*
  *Esgallement me plaist & la mort & la vie,*
  *Et vous seulle causez l'ennuy qui me deuore.*

K ij

## XXII.

*Le vautour affamé qui du vieil Promethee,*
  *Becquete sans repos le poulmon renaissant:*
  *Et le vaze maudit ou le Dieu punissant,*
  *Enuoya noz mal-heurs au fol Epimethee:*
*Celuy par qui amont est la pierre portee,*
  *Celuy qui alteré vit dans l'eau languissant,*
  *Celles qui vont en vain leurs cuues ramplissant,*
  *Ce n'est que fiction à plaisir raportee.*
*Les amours d'Hercules & sa bruslante mort,*
  *Le pipeur qui les sœurs deshonora si fort,*
  *Te font auoir pitié d'vne menteuse fable.*
*Mais las bouchant les yeux en mon affliction,*
  *Tu feins de n'en rien voir: & sans compassion,*
  *Tu tiens pour fabuleux mon tourment veritable.*

## XXIII.

*Puisse en despit du Ciel, & du grand Iupiter,*
  *Des Signes, du Soleil, des Astres, de la Lune,*
  *De Nature, de l'art, du destin, de fortune,*
  *D'Amour, des Elemens, mon tourment s'irriter.*
*Que les vents enragez facent precipiter,*
  *Les estoilles du Ciel dans la mer vne à vne,*
  *Que Phœbus & Phœbé rendent sa face brune,*
  *Et que son foudre mesme il ne puisse euiter.*
*Naisse à chaque moment mon amoureux martire,*
  *Mes souspirs, & mes pleurs, ton desdain, & ton ire,*
  *Mon dueil, & ton soupçon, ta crainte, & mon desir.*
*Du Ciel, & du destin, la fureur inhumaine,*
  *Ne me feront quitter le suiet de ma peine,*
  *Car de tous leurs effors renaistra mon plaisir.*

*Telic*

## XXIIII.

Te lie veux tu voir si l'amour me surmonte,
 Si dans mon tiede sang s'allume son feu pront?
 Voy voy ie te suplie, & ma ioue & mon front,
 Se colorer du teint d'une vermeille honte.
Veux tu sçauoir encor la fureur qui me dompte,
 Et quel est le brasier qui pour t'aimer me fond?
 Sens sens le vent poussé de ce soupir profond,
 Qui de mon estomac comme d'un fourneau monte.
Mon sang brusle, & mon front d'une palleur atteint
 Tesmoigne ma foiblesse, & mon poulmon côtraint,
 Exalle les soupirs comme un feu la fumee :
Le feu venant du centre, au centre est retourné,
 Tellement que mon cueur en est si entourné,
 Que des extremitez la force est consommee.

## XXV.

Le seul obiect sacré de ta vertu insigne,
 Me desrobe des yeux du peuple vicieux :
 Et le Ciel prodiguant le parfait de son mieux,
 Me donne en ta faueur la voix du plus beau Cigne.
Puis que la deité ma daigné iuger digne,
 De peindre en adorant un bien si precieux :
 Que puis-ie esperer mois (pour loyer) des hauts Dieux,
 Qu'estre dedans le Ciel creé un nouueau signe.
O bien heureux desir, ô bien-heureux obiect,
 O bien-heureuse voix, ô bien-heureux subiect,
 Puisque i'attens par vous si haute recompense.
Pour d'immortalité nous rendre reuestus,
 Le Ciel vous a donné mille & mille vertus :
 Et pour les decorer m'a fait prendre naissance.

## XXVI.

Les Dieux ne deuoient pas d'vne si pure essence,
Former tes chastes mœurs : & mon astre cruel,
Ne deuoit point aussi rendre perpetuel,
L'implacable destin qui suiuit ma naissance.
Que sert aux deitez (qui ont toute puissance,)
D'allumer dans mon cueur vn desir eternel,
De suiure en m'flattant le mal-heur perennel,
Qui a tousiours guidé les pas de mon enfance.
Helas n'auois-ie assez de ce grand Iupiter,
En la crainte, & l'amour? sans encor t'irriter,
Plus cruelle enuers moy qu'vne quarte Eumenide?
Blasme donque mon astre & tes perfections,
Qui pour estre le but de mes affections,
Te font iniustement estre mon homicide.

## XXVII.

Ce ne fut des le iour que i'eu veu tes beaux yeux,
Qu'vne si saincte ardeur se glissa dans mes veines :
Car de mille beautez les algarades vaines,
N'auoient sceu enchanter mes esprits otieux.
Mais helas aussi tost (ô merueille des Cieux),
Que i'ouy tes discours, i'ouy chanter mes peines :
Et comme ta parole eut des aelles soudaines,
Aussi soudainement ie deuins soucieux.
I'honore tes beautez, ie prise tes richesses :
Mais ce qui te peut rendre au nombre des deesses,
A saisi le sommet de mes affections.
Si ie peins mieux ton corps que tes graces infuses,
N'accuses mon vouloir, ny l'amour, ny les Muses :
Moindres sont les beautez que les perfections.

Quand

## XXVIII.

Quand le Dieu Perruqué ses grands coursiers attelle,
  Pour nous darder ses rets plus que l'or reluisans:
  Je sens sourdre dans moy mille soupirs cuisans,
  Poussez d'vn soin rongeard qui tousiours me martel-
Autant qu'il va haussant sa lumiere immortelle, (le.
  Autant mon mal s'auance & consomme mes ans:
  Autãt qu'il ayde à tout mes maux me sont nuisans,
  Et comme il est sans fin, ma peine est eternelle.
S'il eslongne de nous son ardante chaleur,
  De plus en plus s'accroist mon ardante douleur:
  Tellement que le temps se change & non ma peine.
La nuict chasse le iour, le iour chasse la nuict,
  Et Phœbus, & Phœbé chacun à son tour luit:
  Bref tout est incertain, mais ma peine est certaine.

## XXIX.

Nous sommes engendrez des almes deitez,
  Nous auons Iupiter & le Ciel pour noz peres,
  Nous auons la Nature & la Terre pour meres,
  Mais deux astres regnoient à noz natiuitez.
Des peres nous tirons noz immortalitez,
  Des meres noz trauaux & noz peines ameres,
  Des astres noz destins & noz desseins contraires,
  Qui causent d'vn chacun les infelicitez.
Si le sage mortel peut surmonter son astre,
  Ne me pers te perdant par vn mesme desastre:
  Qui fuit l'amour d'vn Dieu au Ciel n'est son tresor.
Les biẽ-heureux iumeaux par s'aimer tousiours viuẽt,
  Fais dõc que noz destins & leurs sorts s'entresuiuent:
  Lors ie seray Pollux & tu seras Castor.

## LIVRE SECOND
### XXX.

Du Soleil radieux, la brillante splendeur,
  Et de la Lune aussi la lumineuse face,
  Par vn nuage espais, espars en l'air s'efface:
Lors qu'ils vont tournoyant la celeste rondeur.
L'hyuer rauit aux fleurs la couleur & l'odeur,
  Et en moins d'vne nuict les flestrit & terrace:
  Le fruict trop auancé se passe en peu d'espace,
Et bref tout est fauché par le temps moissonneur.
Telle voy ces lys, ces œilets & ces roses,
  Languir à chef baissé desquelles sont descloses:
  Qui t'esmeuuent d'auoir de toy-mesme pitié.
Cueillons donques les fleurs de ta verde ieunesse,
  Et folle n'atten pas que la blanche vieillesse,
Te priue de sentir les fruicts d'vne amitié.

### XXXI.

Quand l'or de tes cheueux qui ton beau front redore,
  En la belle saison de ton plus guay printemps:
  Et quant le cours aellé de tes ans fleurissans,
Feront place au destin qui tout ronge & deuore:
Quand ce beau teint rosin qui ta face colore,
  Et quand les rais persans de tes Astres luisans,
  Perdront lustre, & vigueur: mille soupirs cuisans,
Te sortiront du flanc, & te poindront encore.
Mais il sera trop tard de maudire le iour,
  Que tu n'auras daigné cueillir les fruicts d'amour:
  Car ceux qui de t'aimer ont ore quelque enuie,
Se voyans repoussez par vn maigre refus,
  S'eslongneront de toy: & lors tes sens confus,
Te feront detester le reste de ta vie.

D'autant

## AMOVRS.

### XXXII.

D'autãt qu'vn Cigne passe vn Corbeau de blancheur,
  Et d'autãt que le Miel passe en douceur l'abcynthe:
  Mon amour se verra plus que nulle autre sainte,
Et rien n'aura pouuoir de souiller sa candeur.
L'esprit captif au ioug d'vne tremblante ardeur,
  Remplit veines & nerfs du venin de la crainte,
  Et croit que ce qu'il voit n'est sinon qu'vne feinte,
Qui le trouble, le trompe, & l'amene à l'erreur.
Jamais vne amitié saintement commencee,
  Ne peut estre du temps ny du sort offencee:
  Car le cueur magnanime est tousiours en vn poinct.
Or ie te iure donc par la lampe eternelle,
  Qu'ainsi que sa clairté durera immortelle,
  Le feu de mon amour ne s'amortira point.

### XXXIII.

D'vne lente froideur ma poictrine est saisie,
  Et la timidité s'emparant de mon cueur,
  Je sens ia le remords qui de mes sens vainqueur,
De cent, & cent pensers trouble ma fantaisie.
Helas mon cher Soleil, si vostre courtaisie,
  Adiointe à la pitié ne dompte vostre ardeur:
  Comment me defendray-ie, & de quelle vigueur
Opposeray-ie au choc ma foible poësie.
A combattre vn vaincu point d'armes il ne faut,
  Le chasteau ia rendu n'a besoin d'vn assaut,
  Si ie meurs au combat vous serez homicide:
Puis on dira de moy, ce pauure infortuné,
  A voulu resembler le fol fleuue escorné,
  Qui pour se voir vaincu s'efforcea contre Alcide.

               L

## XXXIIII.

Heureuse est la victoire & trois fois bien-heureuse,
 Où le vaincu qu'on traine adore le vainqueur:
 Et sans que le desastre ait amoindry son cueur,
 Monstre au fort de sa honte vne ame genereuse.
Mais vne autre seconde est trop plus glorieuse,
 Où vaincu du vainqueur on sçait vaincre l'ardeur:
 Puis se vaincre soy-mesme, & domptant son erreur,
 Asseruir à son vueil la main victorieuse.
Cleopatre vainquit quand le fil de l'espee
 Sur la tombe entama sa poictrine frappee,
 Guidé du bras meurtrier alencontre haussé.
J'ayme donc mieux mourir emportant la victoire,
 Qu'au defaut de la mort voir trespasser ma gloire:
 Car iamais d'vn haut cueur le rempart n'est faussé.

## XXXV.

Auoir d'vn brefrepos vne eternelle peine,
 D'vn peu de seureté vne mer de soupçon,
 D'vn debat asseuré feinte dilection,
 L'ame vuide de foy & d'impieté pleine.
Sous vn ris blandissant masquer l'ardante haine,
 Couuer sous la douceur vne presomption,
 Deguiser son tourment par vne fiction,
 Et sous vn faux obiect vne douleur certaine.
Au feu d'vn desespoir ralumer son desir,
 Voir en la fraude close vn ouuert desplaisir,
 Rire vne heure le iour pleurer toute vne annee.
Et d'vn antiq' penser faire vn conte nouueau:
 C'est pour vous mon Soleil, ce que la destinee
 Engraue nuict & iour dans mon triste ceruaeu.

*Ie veux*

## XXXVI.

Je veux forcer mes mains de briser le sainct trait,
   Qui premier vlcera mes poulmons & mon ame :
   Je veux forcer mon sang, destaindre ceste flame,
Qui des yeux & des os le repos m'a soustrait.
Je veux forcer mes pleurs d'effacer le portrait,
   Qui offre à mes esprits les beautez de madame :
   Je veux tout & puis peu, car la fatalle lame
Qu'Amour forge en ses yeux rengraue chacũ trait.
Jupiter graue au Ciel toutes noz destinees,
   La Parque au diuers lieu insere noz iournees,
   Les mortels sur la carthe imprimẽt ce qu'ils font.
L'ouurage des humains par l'vsage s'efface :
   Mais amour fait son ciel & sa carthe en ma face,
   Ne permettra perir ce qu'il peint sur mon front.

## XXXVII.

O que peu ma serui d'auoir la cognoissance
   D'amour, & du pouuoir d'vne fiere beauté,
   Des cris de mille amants que par leur cruauté
Le cruel desespoir a mis sous sa puissance.
Et que peu ma serui sous couleur d'vne absence,
   Nourrir couuertement ma serue loyauté,
   Ou de peur de brusler fuir la priuauté,
Si tout cela n'a peu me seruir de defence.
Que peu m'ont secouru les ruisseaux de mes yeux,
   Et que peu m'ont serui tant de cris vers les Cieux,
   Puis que les deitez à noz plaints ne s'esmeuuent.
Plus i'inuoque la mort, plus mon mal-heur renaist,
   Plus ie fui mon desir, plus mon ame s'en paist,
   En vain dõc le mortel fuit ce que les Cieux peuuẽt.

## XXXVIII.

Las Madame faut-il que ma chetiue vie,
   Soit la butte ou les Dieux animez de fureur,
   Defcochent à l'enuy les traits de leur rigueur,
   Et que le bien public soit ma peine infinie.
Ne verray-ie iamais la fortune assouuie,
   Faut il qu'elle me force à chercher ma langueur,
   Et faut-il que les Dieux soient ialoux de mon heur:
,, O que grand est le bien que le Ciel mesme enuie.
Mais puis que ie me voy assailly du destin,
   Et puis que la douleur dont ie suis le butin,
   Ne reçoit nul effort des racines de Mede:
L'obiet qui membrasa d'vn si louable feu,
   Finira mes mal-heurs me seichant peu à peu:
,, Car trop grief est le mal qui n'a point de remede.

## XXXIX.

Helas diuine face, helas diuins regards,
   Qui seuls peustes forcer ma liberté premiere :
   Helas diuine main dont la force guerriere,
   A fiché dans mon cueur cent & cent mille dards.
Helas diuins cheueux folastrement espars,
   Autour des beaux Soleils peres de ma lumiere:
   Helas diuine voix qui feustes la courriere,
   Du Dieu qu'en vostre hōneur ie suy en toutes pars.
Quelle austere rigueur, & quelle Loy trop dure,
   Quel destin vous esloigne, & d'vn sinistre augure,
   M'offre en vous rauissant, vn monde de mal-heurs.
O Ciel ialoux de l'heur qui suit l'humaine race,
   Par vous ie suis sans eux vn pré couuert de glace:
   Qui ne peut auancer le germe de ses fleurs.

*O Dieux*

## XL.

O Dieux puisque sa face angeliquement belle,
   Par vn triste despart se retire de moy:
   Puis-ie pas detester la trop seuere Loy,
   Qui luy charge le col d'vne chaisne cruelle?
Dieux que n'est-il permis par quelque loy nouuelle,
   Qu'on puisse auec l'Amour desengager sa foy:
   Et ce que lon desire enchaisner auec soy,
   Formant de deux desirs vne amour mutuelle.
On peut creer vn corps des deux extremitez,
   Mais la haine & l'amour ont leurs poincts limitez:
   Et d'Amour en l'Amour gist la seule armonie.
La Foy naist de la Foy, & l'Amour de l'Amour,
   Ainsi perdant son œil, ie pers aussi le iour:
   Car s'il est feu d'Amour, il est feu de ma vie.

## XLI.

Affin qu'à l'aduenir on t'adore, ô Deesse,
   Ie plante en ton honneur ce Laurier immortel:
   Ie te sacre ce temple, ou i'offre à ton autel,
   Les armes dont Amour a dompté ma ieunesse.
Ceux qui t'inuoqueront pour vierge chasseresse,
   Et qui t'honoreront de maint vœu sollennel,
   Ne puissent du trespas sentir le dart cruel,
   Ains le trait biē-heureux dont ta beauté me blesse.
Fait nouuel Acteon ie veux hanter ces bois,
   Serf de ta deité: mais non priué de voix,
   De memoire, de sens, ou de veuë, ou d'oreilles.
Mais bien veux-ie à iamais t'appandre mille vœus,
   Chanter ta chasteté, & seruir aux nepueus,
   De glace pour mirer tes diuines merueilles.

                        L iij

## XLII.

*Luth fidelle confort en mes aigres douleurs,*
*Seul fidelle tesmoing de mes peines souffertes,*
*Que pour mes passions tristement descouuertes,*
*J'ay fait en souspirant accompagner mes pleurs.*
*Plaignons ore à l'enuy le cours de mes mal-heurs,*
*Perennisant l'ardeur de mes flames couuertes,*
*Par qui du Laurier saint les fueilles tousiours vertes*
*Pourront ceindre mon front sous tes douces faueurs.*
*Le Thebain des rochers sceut esbranler la masse,*
*L'autre eprit les poissons, & la harpe de Trace*
*Charma des creux enfers le pallissant troupeau.*
*De l'immortalité faisons donc vn trophee,*
*Affin que dedaignant la Parque & le tombeau,*
*Je sois tel qu'Amphion, qu'Arion, & qu'Orphee.*

## XLIII.

*De la sime des monts les fiers torrens se roullent,*
*Quãd les neiges font place aux tresors du printemps:*
*Des fontenieres eaux s'engorgent les estangs,*
*Et leurs calmes ruisseaux par les plaines descoulent.*
*Les troupeaux amoureux les fleurs à bonds refoullent,*
*Les pasteurs font leur bal heuresement contens,*
*Les glacez Aquilons s'enserrent pour vn temps,*
*Et de l'humeur d'embas les Pleiades se soullent.*
*De mes yeux languissans descourent deux torrens,*
*Ma playe fait de sang vn estang par dedans,*
*Qui regorgeãt se creue & s'espand dans mes veines.*
*Les Amours animez foullent mes ieunes ans,*
*Mes soupirs cessent bien, mais ses astres ardants,*
*Sans fin tirent mon ame & influent mes peines.*

*Helas*

### XLIIII.

*Helas donnez moy treue ô mes pensers ardens,*
  *N'est-ce assez que l'Amour, le Ciel, & la Fortune,*
  *Bastissent en mon sein une place commune,*
  *Pour d'un cruel accord me combatre dedans.*
*O cueur traistre à moy seul, par qui les soings mordās*
  *Enfantent le penser qui cruel m'importune,*
  *Appresteras-tu l'heure & la voye opportune,*
  *Au destin dont ie sens les effects discordans.*
*En toy seul des Amours la tourbe se retire,*
  *Le Ciel verse dans toy tout ce qu'il a de pire,*
  *Et la fortune en toy graue un dur souuenir.*
*Si l'Amour & le Ciel triumphent de ma gloire?*
  *Si les tristes pensers sont fils de la Memoire?*
  *N'es-tu pere des maux qu'ils me font soustenir.*

### XLV.

*Je suis las de penser que ma triste pensee,*
  *De tant de vains pensers ne courbe sous le fais:*
  *Je suis las de penser qu'aux soupirs que ie fais,*
  *Mon ame loing de moy d'un sanglot n'est lancee.*
*Qu'en pensant aux beautez dont elle est offencee,*
  *Au bel œil, au beau poil, aux gracieux atraits,*
  *Au sousris, au discours, aux genereux effects,*
  *Elle n'erre imitant la Thyade insensee.*
*Que mes pieds de pas vains ne sont ore agrauez,*
  *Que mō cueur n'est dissous de tāt de coups grauez,*
  *Et ma plume ou ma voix vsez sous tes louanges.*
*Mais amour me fait voir que mon heureux penser,*
  *Et mon ame, & mon cueur, ne peuuent s'offencer*
  *D'adorer un obiect qui est digne des Anges.*

## XLVI.

Quand le grand œil du Ciel tournoyant l'Orison,
Se darde au Capricorne où sa chaleur passee,
Se retirant de nous rend la Terre glacee,
Et nous fait resentir l'hyuernalle saison.
L'air luy voyant rauir l'amoureuse toison,
De mille & mille fleurs dont elle est tapissee,
En pleure, & tout despit d'une humeur amassee,
Voelle son chef doré d'un autre chef grison.
Si donc l'Air & le Ciel lamentent la verdure,
Si l'animal absent pour sa compagne endure,
Pourquoy ne pourrons nous vser de mesme Loy?
Nous qui auons du Ciel la premiere origine,
Qui portons la raison enclose en la poictrine,
Et qui sommes portraits d'un qui tient tout en soy.

## XLVII.

Lors que le clair Soleil tire son chef des eaux,
Pour esclorre vn printemps la Terre se fait belle,
Et l'air se rechauffant d'un feu qui renouuelle,
Espvinct mesme les cueurs des plus fiers animaux.
Mais quand l'air dans son sein roullant mille nuaux,
Espaissis de l'humeur qui dans eux s'emmoucelle,
S'oppose & nous rauit sa lumiere immortelle:
Alors tout se rend triste & se plaint de ses maux.
Ainsi vostre bel œil qui le Soleil esgalle,
Attirant par mes yeux mon ame qui s'exalle,
Rend mes iours biē-heureux, & fait croistre mō feu.
Mais s'eslongnant de moy vne nuict triste & sombre,
M'entourneroit le chef si mon feu peu à peu,
En forceant l'espaisseur ne triumphoit de l'ombre.

Eco

## XLVIII.

*Eco piteuse Eco que les perfections*
  *D'vne rare beauté rendirent mal-heureuse:*
  *Qui trop cruellement en la loy amoureuse,*
*As gemy sous le fais de mille afflictions.*
*Combien qu'en escoutant mes lamentations,*
  *Tu te cache à mes yeux de mon mal-heur honteuse,*
  *Parmy la sombre horreur d'vne montagne creuse,*
  *Redoublant mes accens tu plains mes passions.*
*Si ie pleure mon dueil en larmes tu te baignes,*
  *Si ie plains mon mal-heur mes cris tu accompagnes,*
  *Resonnant de Narcis la ieune cruauté:*
*Pource qu'vn mesme feu s'est nourry dãs noz veines,*
  *Esgallé est nostre amour, & esgalles noz peines,*
  *Estans tous deux vaincus d'vne esgalle beauté.*

## XLIX.

*Ce fut vn Vendredi que i'apperceu les Dieux,*
  *Verser sur les mortels d'vne ballance esgalle,*
  *Et le bien & le mal, lors que leur main fatalle:*
*Esclaue m'attacha au ioug de deux beaux yeux.*
*I'errois aux borts de Seine, & cõtemplois aux Cieux,*
  *Des courciers de Phœbé la carriere iournalle,*
  *Quand Amour plein de fiel parmy l'air se deualle,*
  *Et vint picquer mon cueur sainctement furieux.*
*O iour trois fois heureux, ou la diuine essence,*
  *De son precieux sang laua l'antique offence*
  *De mes premiers ayeuls: ô douce cruauté,*
*O bien-heureuse erreur, & plus heureuse encore*
  *Seine ou premier i'ay veu la Nymphe en qui i'adore,*
  *La Chasteté, l'amour, l'honneur, & la beauté.*

M

## LIVRE SECOND

### L.

Vn grand voelle obscurci parmy l'air s'estendoit,
 Qui rouant dans son sein vne humeur detenue,
 Semoit deçà delà vne gresle menue,
Qui marteloit la terre, & tombant se fondoit.
Vn autre vis à vis par le vuide pendoit,
 Ou se formoit maint corps de figure incogneue,
 Tantost iettant le feu à cillons de la nue,
Sous qui l'arc asseuré oblique se bandoit.
Quand celle que ie sers follastrement coeffee,
 Tenant de mille cueurs vn superbe Trophee,
 Rasserainant les Cieux effaça l'arc cornu:
Puis pour donner vigueur aux fleurettes decloses
 Contr'imita Zefir, & soudain mille roses,
 Ornerent de Iunon le bel estomac nu.

### LI.

O brandons amoureux pleins de diuine flame,
 Qui si loin de voz rais accroissez mon ardeur:
 Feu que mon intellect a receu pour vainqueur,
Et dont le souuenir viuement me renflame.
O celeste influence, en qui rayonne l'ame.
 D'vn monde tout parfait: ô brillante splendeur,
 O trece cordelee, ou suiuant mon erreur
Amour me garrotta d'vne si forte trame.
O doigts qui sont les fers pour estraindre au tourment,
 Les cueurs que la parole a charmez doucement:
 O chanter qui du Ciel les mouuemens domine,
O clairté de mon cueur dont ie ne puis iouir,
 O mille autres beautez qui la rendez diuine,
 Ne vous pourray-ie voir ou pour le moins ouir?

La

## LII.

*La sainte affection qui embrase noz ames,*
*D'vn si parfait amour qu'il n'a point de pareil:*
*Nous fait luire sur tous ainsi qu'vn beau Soleil,*
*Sur le diuin trouppeau des immortelles flames.*
*Depuis que les destins par leurs fatalles trames,*
*Ont eslongné mes yeux de leur pole vermeil:*
*Plus grief leur est le iour & plus grief le sommeil,*
*Qu'agreable aux forceats l'absence de leurs rames.*
*Toutefois vous auez moins d'amitié que moy,*
*Le Soleil qui luit seul a plus de force en soy,*
*Que sa sœur qui se rend aux estoilles commune:*
*Ie n'ayme rien que vous, vous estes ma moitié,*
*Mais vous ne m'aymez seul, ainsi pour l'amitié,*
*Ie seray le Soleil & vous serez la Lune.*

## LIII.

*Lors qu'amour contre moy ne s'armoit furieux,*
*Traittant mon triste cueur d'vne plus douce sorte:*
*Ceste exquise beauté qui tout le bon heur porte,*
*Paissoit de doux pensers mes esprits ocieux.*
*Mais vn cruel destin de mon aise enuieux,*
*M'eslongnant a rendu mon esperance morte:*
*Ie ne sçay quelle mane ore me reconforte,*
*Et quel sera le but de mon mal soucieux,*
*O depart importun qui m'a chaleur englace,*
*Et qui fait qu'vn chacun voit la mort sur ma face,*
*Pensez vous me tuant enseuelir mon dueil?*
*Non non car la liqueur qui seulle peut de l'ame,*
*M'estaindre ou alenter ceste amoureuse flame:*
*Le Ciel l'a mise en elle, & non pas au cercueil.*

M ij

### LIIII.

O Dieu qui as le soing, de toutes choses nees,
  Qui oys les iustes cris de nous pauures mortels,
  Reçoy les humbles vœus que i'offre à tes autels,
  Et force les arrests des fieres destinees.
Je sçay que de noz ans les courses sont bornees,
  Que noz corps sont guidez par les corps immortels,
  Et sçay q̃ des hauts Cieux les saints arrests sont tels
  Que nul ne peut sortir de leur fins terminees.
Tout est suiet au temps, & le temps à la fin,
  Rien ne peut euiter la Parque & le destin,
  Mais la mort, & le sort, courbent sous ta puissance.
O Dieu tu as assez de beaux astres aux Cieux,
  Laisse donc luire icy le Soleil de mes yeux,
  Ou s'il t'a offencé pren moy pour penitence.

### L V.

Encor que le destin ayt mal-heuré mes iours,
  Encor que le Ciel ait de mon bon heur enuie,
  Encor qu'en languissant i'aille trainant ma vie,
  Si est-ce que constant i'en finiray le cours.
Encor que mon vainqueur me tourmente tousiours,
  Encor que son courroux, son brandon, sa manie,
  Encor que le desdain de ma fiere ennemie,
  Ayent glacé l'auril de noz ieunes amours.
Encor que de mon dueil elle soit plus cruelle,
  Encor quelle paroisse à mon mal-heur plus belle,
  Et que les animaux soient rauis de la voir:
Le Ciel pour la rauir la face estre immortelle,
  J'honoreray mes iours mourant pour l'amour d'elle,
  Car le sort & la mort sur la foy n'ont pouuoir.

*Ah que*

## LVI.

Ah que ie sens le feu dans mes bouillantes veines,
   Ah que ie sens de glace au milieu de mes os,
   Ah que ie sens d'angoisse agiter mon repos,
   Ah de combien d'effors sens-ie accroistre mes peines.
Ah que ie sens d'ardeurs, & de douleurs certaines,
   Ah Dieux que de soupirs & de cuisans ianglots,
   Ah quelle mer d'ennuis furieuse en ses flots,
   Noye le triste accent de complaintes vaines.
Ah qu'amour me tourmente, ah pourquoy suis-ie né,
   Ah pourquoy m'auez vous à ces maux destiné,
   Ah pourquoy si long temps doy-ie hair ma vie.
Je desdaigne de viure, & mourir ie ne puis:
   J'arrouse de mes pleurs l'aigreur de mes ennuis,
   Et la vie & la mort tousiours lon me denie.

## LVII.

Ces beaux yeux dont amour ma sceu blesser de sorte:
   Qu'ils peuuent rendre seuls mes tourmens alentez,
   (Non le Baume charmé, ny les vers enchantez,
   Ou pierre, ou gomme, ou iust qui de l'Egypte sorte.)
M ont de toute autre ardeur tellement clos la porte:
   Que d'vn profond penser mes sens sont contentez,
   Et si mes tristes yeux d'autre obiect sont tentez
   Mon ame s'irritant rend leur lumiere morte.
Donques de ces beaux yeux deux fares de mon cueur,
   Vient ma honte & le los de mon cruel vainqueur,
   Et d'eux mesmes i'attens le loyer de mes peines.
Par eux ie suis guidé sous l'eternelle nuict,
   Par eux du beau Soleil le bel astre me luit,
   Et seuls glissent ma vie & ma mort dãs mes veines.

LVIII.

Comme le Nauple veit la flotte vangeresse
 Du rapt inhospital, parmy l'onde sallee
 Voisiner les hauts Cieux, puis à coup deuallee,
Iusqu'au plus creux des eaux par sa flame traitresse.
Amour voit or mon ame en ceste mer d'angoisse,
 Dont la sourde terreur pourroit estre esgallee
 Aux rochers casharez : & l'alleine exallee,
De mes poulmons gesnez à l'horreur vanteresse.
Ou comme on voit grossir dessus l'alpe cornue,
 Vn monceau blanchissant nourrisson de la nue,
 Qui fondant va noyant la prochaine campagne.
Chacun iour sur mon chef vn lourd amas de peines,
 Il charge puis à coup les espand par mes veines,
 Et fait la mer d'ennuys ou mon ame se baigne.

LIX.

I'ay trop plus merité que ce que ie sens ore,
 Ie l'espreuue à ma honte & le confesse aussi :
 C'est que trop follement ie suis venu icy,
Cercher le soing rongeard qui cruel me deuore.
Cercher vn froit deslain qui mon chef descolore,
 Et qui gesnant mes sens d'vn importun sourcy,
 Me fait en mille plis froncer front & soucy :
Et bref me fait renaistre vn mal-heureux Pellore.
Ah que m'apportez vous (ô soudain consentir,)
 Sinon las pour me plaindre vn tardif repentir ?
 Que ie deteste, & vous faux espoir qui m'auez
Tellement enchanté, que pour haïr ma vie,
 Vous tenez ma raison d'vn songe ensuellie :
 Et d'vne mer d'ennuis mon ame vous l'auez.

*Combien*

## LX.

*Combien combien de fois au soir sous la nuict brune,*
 *Errant comme vn Taureau par amour furieux:*
*Ay-ie maudit le sort, la nature, les Dieux,*
*Le Ciel, l'Air, l'Eau, la Terre, & Phœbus, & la*
*Cōbien cōbien de fois d'vne suitte importune,* (Lune.
 *De soupirs embrasez ay-ie esuenté les Cieux:*
 *Et d'vn double torrent ruisselé de mes yeux,*
 *Ay-ie fait vn seiour à quelqu'autre Neptune.*
*Combien ay-ie inuoqué par les ombreux destours,*
 *Des bois remplis d'effroy la mort à mon secours:*
 *Et souhaitte me voir Promethee, ou Prothee.*
*Mais helas maintenant (dont ie suis en fureur,)*
 *Je suis puis mal-heureux cognoissant mon erreur,*
 *Que ne furent iamais Protheè & Promethee.*

## LXI.

*Cōme on voit vn cheureuil qu'vn grād Tigre terrace,*
 *Qui deçà qui delà, ore haut ore bas,*
 *Le vautrouille & l'estend dans son sanglāt trespas,*
 *Pauant des os du sang & de sa peau la place:*
*Puis en assouuissant sa carnagere audace*
 *Tranche, poudroye, hume, & foulle de ses pas,*
 *La chair, les os, le sang dont il fait son repas,*
 *Laissant parmy les bois mainte sanglante trace.*
*Et comme on veit iadis les borgnes Ætneans,*
 *Rebattre à coups suiuis les boucliers dicteans,*
 *Sous le fer rehaussé d'vne force indomptable:*
*Amour me va plongeant dans mon mortel tourment,*
 *Me rond, trouble, rauit, os, sang, & sentiment.*
 *Et martelle mon chef d'vn bras insuportable.*

## LIVRE SECOND

### LXII.

O viue & sainte flame, ô mes soupirs ardans,
O miserable dueil, ô folle outrecuidance,
O pensers denuez de leur longue esperance,
O traits qui dans mon cueur deuenez plus cuisans:
O diuines beautez sources de mes tourmens,
O beaux desirs vainqueurs de ma ieune constance,
O bel astre ascendant de ma triste naissance,
O sœurs qui deuidez le fillet de mes ans:
O fleuues, ô forests, ô desers, ô fontaines,
O beaux lieux ou iadis ie soulagay mes peines,
O Mirthes, ô Lauriers, ô gracieux appas:
O Manes qui errez parmy l'ombre eternelle,
Si quelque souuenir reste apres le trespas,
Au moins prenez pitié de ma douleur cruelle.

### LXIII.

O bien-heureux bessons que le grand œil du monde,
Delaissant le Taureau visite en ce beau moys:
Heureux & plus qu'heureux, & trois & quatre fois,
Beaux astres adorez sur la Terre & sur l'onde.
Or que par vostre aspect la Terre se fait blonde
Sous les espics crestez, & ore que les voix
De mille & mille oiseaux font retentir les bois,
Et que nature en tout se monstre plus feconde.
Si vous auez pouuoir d'eschauffer par dehors
Faites tant que voz rets penetrent dans les corps,
Influant sur les cueurs vne amitié iumelle:
Vous n'estes dans le Ciel que pour auoir aymé,
Helas rendez le cueur de madame animé,
Nous muant comme vous en planette immortelle.

Des

## AMOVRS.

### LXIIII.

*Des globes Ætherez le plus alme flambeau,*
  *Laisse palir le teint de la toison doree:*
  *Et tirant par degrez sa grand face adoree,*
*Redore la poictrine & le front du Taureau.*
*Jupiter espuisant son bien-heureux tonneau,*
  *Rend la Terre en tous lieux de tous biens honoree,*
  *Les Zephirs gracieux chassent le noir boree,*
*Et l'aube s'emperlant refait le iour plus beau.*
*Le l'hierre amoureux enguirlaude le chesne,*
  *Le rameau de Bacchus a son orme s'enchesne,*
*Et bref tout est content sous l'amoureuse loy.*
*Mais helas du destin la loy trop inhumaine,*
  *Fait que mon beau Soleil riẽ qu'hiuer ne m'ameine*
*Et qu'estant propre à tous n'est contraire qu'a moy.*

### LXV.

*Cessez voz bruits sanglans nourricieres Citez,*
  *Pour ouïr mes clameurs: & vous plaines liquides*
  *Arrestez tant soit peu voz glissades humides,*
*Et accoisez voz flots par les vents agitez.*
*Vous coutaux empamprez, sourgeons precipitez,*
  *Vous ceps porte-liqueur, que les Semeleides*
  *Sacrent au Cuissené: follastres Nereides,*
*Et vous qui les forests chastement habitez.*
*Vous flambeaux l'ornement de toute la machine,*
  *Vous les douze maisons ou le Soleil chemine,*
*Et vous esseiulz du Ciel l'un de l'autre esloignez.*
*Retenez ce grand corps, affin que le silence*
  *Me face de mon mal sentir la violẽce:* (moignez.
*Et qu'aussi mes mal-heurs vous soient mieux tes-*

N

## LIVRE SECOND
### LXVI.

Vous rochers cauerneux, & vous fleuues tortus,
 Vous odorantes fleurs l'ornement du riuage,
 Vous petis oiselets qui d'vn diuers plumage
Estes bigarrement par nature vestus,
Venez venez vers moy : venez coutaux bossus,
 Venez frais arbrisseaux couuers d'vn beau fueil-
 Venez ore conter d'vn fremissant langaige, (lage,
Les mal-heurs dont mes sens sans cesse sont battus.
Amenez auec vous la triste Phillomene,
 Rechâtez sous mon nom la mort du fils d'Alcmene,
 Comparez mes trauaux à ses douze labeurs.
Mais las n'oubliez pas sa chemise enflamee,
Seulle comparaison de la flame allumee,
Qui me va prolongeant mes cuisantes douleurs.

### LXVII.

Passans ne cerchez plus dessous l'Orque infernale
 D'Ixion, de Sisiphe, & des Bellides sœurs
 Comme aux siecles passez les trauaux punisseurs,
Ny l'importune soif du mal-heureux Tantale.
Ny cerchez plus le feu du seruiteur d'Omphale,
 Ny du fils d'Agenor les oiseaux rauisseurs,
 Le fuseau, le trauoil, les ciseaux meurtrisseurs,
Ny l'effroyable horreur de la trouppe fatale.
Car sans tenter Iunon, sans tuer, sans voller,
 Ie tourne, monte, emplis, roue, cuue, rocher :
 Et sans tromper les Dieux, ou leurs secrets redire,
La soif me cuit dans l'eau & ne puis l'estancher,
 Mille fascheux Daimons me rauissent ma chair,
 Et bref dãs moy Pluton s'est fait vne autre Empire.
                                        Maintenant

## LXVIII.

Maintenant que le Ciel plein d'vne alme influence,
 Chasse par ses doux feux l'outrageuse froideur
 De l'orageux hyuer: & fait par la vigueur
 De l'humide & du sec feconder la semence.
Maintenant que Zephir dompte la violence
 Du plus braue Aquillon, duquel l'aspre roideur
 Entrouure de Thetis l'horrible profondeur,
 Et s'ouurant iusqu'aux Cieux ses entrailles eslace.
Or que les grand coutaux de Pampre sont couuerts,
 Que les champs sont ornez d'infiniz cillons verds,
 Et que d'vn bel email la pree est reuestue.
I'erre seul mi-transi dans ces lieux escartez,
 Et par le vain accent de mes vers rechantez,
 Je decelle aux rochers la poison qui me tue.

## LXIX.

Quand ie voy sur son chef ce grãd maistre des Dieux
 Cordeler son beau poil qui fait honte à l'or mesme,
 Je sens saisir mes sens d'vne collere extreme,
 Et mille esclairs brillans s'esclattent de mes yeux.
Je deuien tout à coup forcené, furieux,
 Iettant ore vn haut cry, or parlant en moy-mesme,
 Ore pourprant mon front, ore deuenant blesme,
 Ore cruel, superbe, & ore gracieux.
Telle au temple des Dieux on voioit la prophette,
 Humant l'esprit du Dieu qui la tenoit suiette,
 Panchee au soupirail d'vn cauerneux rocher.
Mais vn diuers suiet tien nostre ame saisie,
 Le Dieu se ioint à elle, & ie maudis ma vie,
 Que de sa deïté ie ne m'ose approcher.

N ij

LIVRE SECOND

### LXX.

Le tresle presageant l'orageuse tempeste,
  Dresse pour s'exempter de l'iniure du sort,
  Ses fueilles comme vn cercle: esperant que l'effort,
N'outragera le chef de sa debile creste.
Ainsi moy preuoyant ce que le Ciel m'appreste,
  Et vainement fuyant la cause de ma mort:
  Alors que la fureur me bourrelle plus fort,
Mon poil en ceste horreur se dresse sur ma teste.
Mais rien ne me deffend de mon sort inhumain,
  Car pour doubler ma peine il fait que de ma main,
  Me donnant mille coups du repos ie me priue.
Il me rend furieux en mon aduersité,
  Et suis (ô fier destin) comme vn flot irrité,
  Qui court bruyant à mort à l'escumeuse riue.

### LXXI.

Quand d'vn sort desastré le sanglier homicide,
  S'asseurant en sa peur parmy les espaisseurs
  Du boys Idalien, de ses crocs deffenseurs
Deschira l'vn des flancs du beau Cynareïde.
Lors qu'encor haletant la molle Dionide
  L'apperceut s'escria, ô grands Dieux punisseurs,
  O Cieux, ô Dieux, ô Cieux: puis d'ongles meurtris-
Pourpra de sang la peau de so visage humide. (seurs,
Le dueil eut tel pouuoir que voellant sa raison,
  Sans plus dresser en haut sa plaintiue oraison,
  Inuoqua coup sur coup la mort & les furies.
O iustes deïtez daignez vous secourir,
  La mortelle qui fait vn immortel mourir:
  Exerceant contre luy mille bourrelleries.

*La forte*

## LXXII.

La forte passion ne relasche mon ame,
   Bien que mon front chagrin se desride ioyeux:
   Car le contraire effect de l'effort amoureux
Luy donne esgallement & la glace & la flame.
Si le Soleil aymé qui me brusle & m'entame,
   N'attire de mon sein deux ruisseaux par mes yeux:
   Et si ie ne pallis d'vn languir ocieux,
Je ne suis pourtant hors de sa premiere trame.
Mon ame nuict & iour mille pensers conçoit,
   Tirant de mon tourment l'espoir qui me deçoit,
   Pour plaire à mõ dõmage à l'œil qui m'a sceu prẽdre.
Si ie suis vif & mort, transi & consommé,
   Si mes os sont glacez, & mon sang allumé,
   Quelle humeur peut sortir d'vn roc & d'vne cendre.

## LXXIII.

Amour qui vois assez mes pensers descouuers,
   Et les pas retracez dont tu ourdis la trame,
   Sonde iusqu'au profond & mon cueur & mon ame,
Comme ils sont agitez des orages diuers.
Voy comme en te suiuant mille brandons couuerts,
   Cõsomment ma vigueur par qui mõ sang s'enflame
   Voy ma fidellité contre l'iniuste blasme,
Et ce que ta rigueur me fait peindre en ces vers.
Las helas ie voy bien le feu qui me rallume,
   Mais mon dos n'est garni d'vne diuine plume,
   Pour te suiure en fuyant ou te guide ton vueil.
Qu'attendray-ie de toy si ie fais le rebelle,
   Et que puis-ie esperer si ie te suis fidelle,
   Sinon, o fier destin, la voute d'vn cercueil?

LXXIIII.

Vous qui d'vn seul clin d'œil regissez l'vniuers,
  Que ne m'auez vous fait priué de cognoissance,
  Ou prendre le trespas auecque la naissance:
Sans m'auoir asserui à tant de maux diuers.
Que ne m'auez vous fait la pasture des vers,
  Ou que n'auez vous fait qu'en prenãt accroissance,
  I'accreusse ma raison: qui pour son impuissance
S'attache sous le ioug de ce traistre peruers.
Que ne suis-ie vn Rodope, vn Æme, vn Erimante,
  Hé que ne suis-ie au moins ceste fleur languissante
  Dont on plaint la beauté: ou le roc endurci
De celle à qui despleut sa partie changee:
  Mon ame ne seroit ainsi qu'elle est rangee,
  Sous les loix d'vn tyran qui n'a point de mercy.

LXXV.

Helas i'ay tant prié la mort à mon secours,
  Pour voir auec mes os mes tourmens sous la Terre:
  Que ie sens peu à peu de ma cruelle guerre
Diminuer la force en celle de mes iours.
Voy voy donques mes pleurs rouller d'eternel cours,
  Voy les profonds sanglots que mon ame desserre,
  Et voy le dart meurtrier qui sans cesse m'enferre,
Force, tesmoing, principe, & fin de mes amours.
Mes pleurs ont hors de moy tant d'humeur attiree,
  Et mes cuisans sanglots tant d'ardeur respiree,
  Et le dart par ma playe a tant perdu de sang.
Que seiché, froit, & palle, autour de toy ie volle,
  Sans poux, sans yeux, sans voix, côme vne vaine i-
  Portãt l'Amour, la Mort, & la Vie à mõ flã. (dolle,
            Tesbahis

## AMOVRS.

### LXXVI.

T'esbahis-tu Iamin, si ma brusque fureur,
   Pourmene sans repos ma pauure ame dolente :
   T'esbahis-tu dequoy sur la fosse beante,
Des filles de la nuict i'inuoque la terreur.
T'esbahis-tu s'il semble à mes mots pleins d'horreur,
   Qu'en forcenant mes sens i'imite la Baccante,
   Qui court deçà delà, quand le Dieu la tourmente,
Esguillonnant son flanc d'une Bacchique erreur.
T'en dois-tu estonner puis que tu sçais la flame,
   Qui a peu rendre telle & ma voix & mon ame:
   Et que mesmes tu sers de prestre à mesme autel.
Je ne m'en esmerueille, ains suis encor en doute,
   Si la mesme chaleur qui me font goutte à goutte,
   Ne me repoistrit point pour me faire immortel.

### LXXVII.

Je ne sçay que ie veux, ie ne sçay que cercher,
   Je ne sçay qu'il me faut, ie ne sçay qui m'areste,
   Je ne sçay quel mal-heur me martelle la teste,
Je ne sçay qui m'a pris ce que i'auois plus cher.
Je ne sçay quelle plante au coupeau d'un rocher,
   Je ne sçay quel Chiron, ie ne sçay quelle Alceste,
   Je ne sçay quel Achil, ie ne sçay qui me reste
Pour du profond de moy la mort blesme arracher.
Je ne sçay à quel sainct il faut que ie m'adresse,
   Pour me donner secours au tourment qui me presse:
   Car helas ie ne sçay comment ny en quel lieu
S'enracine mon mal, ie ne sçay si c'est flame,   (tame,
   Ou glace, ou traict, ou nœud, s'il me brusle ou m'en-
   Ne si ie suis vaincu d'un mortel ou d'un Dieu.

## LXXVIII.

Jamais l'homme n'est sage, auant qu'vne follie
 Ayt tiré de l'erreur sa debille raison :
 Jamais le repentir qui vient hors de saison,
Ne guerit la douleur dont vne ame est saisie.
Jamais ie n'apperceu le fillet qui me lie,
 Esclaue de la honte, en si longue prison :
 Jamais ie ne goutay l'homicide poison,
Dont a noyé mes sens ma cruelle Telie.
Bien qu'encor mon Dupport tu m'eusses auancé
 Les presages du mal qui me rend insensé,
 Lisant dessus mon front ma misere fatalle.
Aussi pour ne te croire helas ie suis deceu,
 Comme Anthoine iadis se veit, pour n'auoir creu
 Pisaure, Albe, Patras, Bache, Eumene, & Atale.

## LXXIX.

N'ayant encor senti en ma chaste poictrine,
 Ny au flanc l'esguillon de l'enfant de Cypris :
 Je contemplois le Ciel d'vne merueille espris,
Admirant les secrets qu'encerne sa machine.
Et recerchant à part en quelle ordre chemine
 La grand lampe du iour, si par corps ou esprits
 Mouuent les ornemens de cest ample pourpris,
Et par quel iugement tout aux Cieux se termine :
Comme l'an est parti par ses quatre saisons,
 Comme le Soleil entre en ses douze maisons,
 Et par quel art la Terre en ballance est pendue.
J'entr'ouy vne voix predisant mon trespas,
 Qui me dit va trouuer vne Nimphe là bas,
 Que pour te surmonter le Ciel mesme a esleue.

*J'appellay*

## LXXX.

J'appellay mes esprits qui encor par le vuide,
 Contemploient my-beans ce grand globe vouté :
 Et tel qu'vn beau poulin vagabont, indompté,
 Je refoulay les fleurs de mon riuage humide.
N'imitant toutefois le soldat Peleïde,
 Qui pour venger Atride, & rauir la beauté
 Qui Coresbe insensa: de rage surmonté,
 Traina mille vaisseaux sur la plaine liquide.
Ains d'vn pas mesuré, & d'vn graue sourcy,
 Franc d'amour, franc de peur, de peine, & de soucy,
 J'entray dans le palais ou logeoit ma maistresse :
Mais si tost que ie vey ce miracle des Cieux,
 Ce Soleil renaissant de l'esclair de ses yeux,
 Humble ie l'adoray pour celeste Deesse.

## LXXXI.

Elle marche à lents pas pour de moy s'approcher,
 Et en me saluant d'vne façon honneste,
 Veit bien que i'estois fait sa prochaine conqueste,
 Et que desia mon corps deuenoit vn rocher.
De son double arc vouté se meit à descocher
 Mille foudroyans traitz : & pompeuse s'appreste,
 A fouler brusquemēt d'vn pied vainqueur ma teste :
 Et de mon ieune front la franchise arracher.
Puis l'archerot vainqueur artisan de mes peines,
 Se glissa dans mon œil, & de l'œil dans mes veines,
 Et au milieu du cueur me ficha son brandon :
Alors tout bouillonnant & transporté de rage,
 Ie cuiday, recerchant de venger cest outrage,
 Me poingnarder le sein pour tuer Cupidon.

O

## LXXXII.

Quand les rocs parleroient, les maisons, & les bois,
Pour plaindre mes mal-heurs:& quād encor Neptu-
Cōuertiroit en pleurs sa grād plaine importune, (ne,
Ils n'auroient assez d'eaux, de soupirs, & de voix.
Quand les Siecles, les Ans, les Saisons, & les Moys,
Voudroyent pleindre à l'enuy ma cruelle infortune:
Quand le Ciel, le Soleil, les Astres, & la Lune,
Voudroient courber leurs chefs sous les plaintiues
Quand l'air feroit creuer les plus espesses nues, (Loix:
Quand leurs humeurs seroient en larmes deuenues,
Et que chacun rocher eust vn fleuue au couppeau.
Cela ne suffiroit pour allanter ma flame,
Et plaindre le mal-heur qui graue dans mon ame,
La fin, la soif, la peur, la mort, & le tombeau:

## LXXXIII.

DVPORT, veux tu sçauoir tout mō pis ou mō mieux.
I'erre deçà delà par les mers incogneues,
Ou ie ne voy sinon les fantosmes des nues,
Et de nuict les flambeaux qui bigarrent les Cieux.
Tantost vn vent austral s'enfle & tout furieux,
Meslance sur le saut des grands roches cornues,
Et puis m'enseuelit sous les vagues esmeues:
Voila tout le plaisir dont ie repais mes yeux.
Au fort de ce danger i'ay tousiours dedans l'ame,
Le portrait de l'amour & celuy de madame,
Qui malgré la froideur me bruslent sang & os.
Voy voy dōc mō DVPORT, qu'estrāge est mō mar-
Si ie me veux guarir, le remede m'empire: (tyre,
Et bref me faut brusler dans la moisteur des flots.

Vlysse

## LXXXIIII.

Vlysse s'embarquant pour retourner en Grece,
  Delaissa Calipson de son amour blessee:
  Qui deçà qui delà forcenoit incensee,
  Arrachant à plein poin l'or de sa blonde tresse:
Criant dessus le port ô Ciprine Deesse,
  O toy cruel amour qui m'as plus offencee,
  Vengez moy du meschant & de la foy faussee,
  Engloutissant dans l'eau sa nef & sa promesse.
Puis ô nom de Venus dressant vn sacrifice,
  Trois fois dessus l'autel coniura la Mellice,
  Luy ostant sa vertu & sa premiere force:
Tellement qu'en mon mal n'y a racine ou huille,
  Breuuage ny anneau qui ne soit inutile,
  Car en les appliquant ma douleur se renforce.

## LXXXV.

Qui sera le Chiron, le Mercure, ou l'Achille,
  Qui pourra hors de moy la poison arracher,
  Que pour me suffoquer cest homicide archer,
  Me darda des beaux yeux de ma docte Sibille?
Qui me radressera vn secong Logistile,
  Qui cerchera la plante au coupeau d'vn rocher,
  Qui pourra dextrement le canal retrencher,
  Qui traistre par mon œil dans mon ame distille.
Les plus rares secrets de l'art Chironien,
  Ny les vers enchantez ne me seruent en rien,
  Car mon mal est si grand que Nature luy cede.
Celuy qui m'a blessé fait son seiour aux Cieux
  Et nul n'a descouuert les mysteres des Dieux:
  De tout mal incogneu occulte est le remede.

LXXXVI.

Si ie vy par la mort, si ie meurs par la vie,
 Si ie transis au feu, si ie brusle dans l'eau,
 Si i'appelle vn chantant l'implacable tombeau,
 Mon ame est elle pas d'estranges maux suiuie.
Si ie vy bien content, & si ie meurs d'enuie,
 Si ie crois qu'vn Aspic soit gracieux & beau,
 Si au pied d'vn rocher ie cerche son coupeau,
 Suis-ie pas possedé d'vne estrange manie.
Helas ditte moy donc, ditte cher BELLE-FLEVR,
 Lequel me siet le mieux ou la ioye ou le pleur:
 Dittes, en ce danger quel onguent m'est propice.
Si ie la veux charmer ie me charme les sens,
 Ie pers en vain le temps haletant mes accens,
 Ainsi que feit Orphee apres son Euridice.

LXXXVII.

Si des celestes yeux de ma belle inhumaine,
 Sort le feu qui me brusle, & le neud qui me lie?
 Faut-il donc (ô destin) qu'humble ie m'humilie,
 D'adorer les archers qui descochent ma peine?
Et si par eux mon ame est de la mort prochaine,
 Pourquoy ne fuy-ie au moins les haineurs de ma
 Qui retient ma raison tellement asseruie, (vie?
 Qu'elle ne rõpt la chaisne & hors du feu m'emmeine?
Mais si ie me bannis de leur cuisante flame,
 Et qu'vn ardant desir esguillonne mon ame,
 De reuoir ma mort peinte aux rais de leur splẽdeur?
Lon ne me peut nommer cause de mon martire,
 Ains Amour seul qui veut que tel fruict on retire,
 (Apres mille labeurs) d'vne si belle fleur.

*Mon*

AMOVRS.

LXXXVIII.
Mon BROVAVT ie ne puis d'vne voix Petrarquee,
  Feindre mille tourmens en ses vers rechantez :
  Mais d'vn stile assez lent aux lieux peu frequētez,
  I'essaye à haleter ma peine remarquee.
Quand la nuict sommeilleuse est de feux perruquee,
  Ie sens vn peu mes maux par le somme alentez :
  Mais quand l'annonceiour a ses chants euentez,
  Mon ame est plus auāt dans l'angoisse embarquee.
Nul feu iamais-mourant dans l'entraille des monts,
  Nul vēt tousiours soufflant parmy les Artemons,
  N'ard ou agite plus que ma peine inuincible.
On disigne, regarde, & compasse icy bas,
  Toute chose à la ligne, à l'œil, & au compas,
  Mais helas mon mal-heur est incomprehensible.

LXXXIX.
Mon Dieu que de beautez autour de ma Deesse,
  Mon Dieu que de vertus luy viēnent faire hōneur,
  Mon Dieu qu'il est heureux qui a tant de faueur,
  D'estre fait seruiteur d'vne telle maistresse.
Mō Dieu quel desespoir & quel mal-heur m'oppresse,
  Mon Dieu quel desplaisir, & quelle aspre rigueur,
  De luy auoir esté si longs temps seruiteur,
  Sās auoir peu flechir vn poinct de sa rudesse. (temps,
Mon Dieu, mon Dieu quel miel, mō Dieu quel passe-
  Mon Dieu, mon Dieu quel fiel de cōsommer le tēps,
  Sous vn espoir flateur qui nostre âge deuore :
Il ne faut donc reigler le but de ses desirs,
  Sur le bien qu'on reçoit des externes plaisirs :
  Car souuent on a moins ce ●plus on adore.

O iij

## XC.

Je voudrois comme un Dieu dans le Ciel auoir place,
  Affin de viure là exempt d'affections,
  Affin de refrener toutes mes passions,
  Et bref ne sentir rien de la mortelle race.
J'argenterois son poil, ie ternirois sa face,
  Ie riderois son front: & les afflictions
  Qu'elle m'a fait sentir pour ses perfections,
  Me seruiroient encore à dompter son audace.
Hors de mon estomac ie banirois le feu,
  Qui caché dans mes os me seiche peu à peu,
  Et vaincrois le vainqueur qui me poursuit sans cesse.
Pardonne moy Telie helas ie m'en desdis,
  Pardonne moy Amour ie ne sçay que ie dis,
  Je ne le voudrois pas s'elle n'estoit Deesse.

## XCI.

Je voy certainement qu'il faut que ie trespasse,
  Car les traits eslancez de ton homicide œil,
  Ne me presagent rien qu'un enfoui cercueil,
  Compagnon de la Mort qui ma gloire terrasse.
Quand ie voy ce beau tint qui le tint mesme efface
  Des plus rares beautez, ie m'espers en mon dueil:
  Ainsi qu'un marinier effondré d'un escueil,
  Qui muet leue aux Cieux & les mains & la face.
Tu causes deux effects en moy tous discordans,
  Car tu brusles mon cueur de deux tisons ardans,
  Puis tu remplis mes os & mon ame de glace:
Je sçay bien le danger qu'enfante mon tourment,
  Ie te cuide prier pour mon soulagement,
  Mais helas ta beauté surmonte mon audace.

*La Na-*

AMOVRS.

XCII.

La Nature a donné les cornes aux Taureaux,
　Aux Sangliers les crochets, aux Lieures la vistesse,
　Au Serf, & au Cheual, vne prompte allegresse,
Et pour voler par l'air les plumes aux oiseaux.
L'industrie aux poissons de nager sous les eaux,
　Au Serpent l'esguillon, au Renard la finesse,
　A l'homme la grandeur, le courage & l'adresse,
Les griffes aux Lions, l'escorce aux arbrisseaux.
Mais la femme restant foible, timide, & nue,
　D'vne rare beauté l'a seulement pourueue,
　Qui est le seul pauois, le brandon, & le fer,
Dont elle se deffent, elle embrase, elle blesse,
　Tellement que son front, son œil, sa blonde tresse,
　Peuuent faire changer le haut Ciel à l'enfer.

XCIII.

Lors qu'espris de ce feu l'infortuné Leandre,
　Malgré les Aquilons fendoit le fil de l'eau:
　Guidé de la clairté du nocturne flambeau,
Que pour certain signal Hero luy souloit pendre,
Forcea tant les destins que sa ieunesse tendre,
　Eut pour ne choisir pas le temps serain & beau:
　Le feu pour luminaire, & la Mer pour tombeau,
Et pour lict le riuage ou on le veit estendre.
Mon flambeau c'est ton œil plein de douce fureur,
　Mō tōbeau sont mes pleurs tesmoings de la douleur,
　Que ie sens nuict & iour pour tes beautez diuines.
On le veit palle & froit pres la tour Cestienne,
　On me verra transi pres de l'image tienne,
　Sur vn lict parsemé de chardons & d'espines.

## XCIIII.

Helas helas pourquoy les Dieux t'ont ils fait telle,
   Qu'il semble que les eaux s'arrestent pour te voir:
   Qu'il faille que les buis puissent apperceuoir,
Ce qui malgré les ans te peut rendre immortelle?
Pourquoy t'ont-ils donné vne beauté si belle,
   Pourquoy t'ont-ils cedé sur eux tant de pouuoir,
   Qu'vn accent de ta voix qui les peut esmouuoir,
Fait que chaque rocher espris d'aise sautelle?
Pourquoy t'ont-ils donné tant d'effects merueilleux,
   Ou pourquoy m'ont-ils fait si foible & mal-heureux,
   Puis qu'ils m'auoient creé pour te faire seruice?
Las ie ne puis sçauoir la cause du meschef,
   Fors qu'ils ne pensoient pas enclorre dans ton chef,
   Comme ils ont à ma perte vn amas de malice.

## XCV.

Helas cher DV PLESSIS si la Parque felonne,
   Aguisant contre moy ses cousteaux meurtrissans,
   Vient trancher sans mon sceu le fillet de mes ans:
Ainsi qu'à tous mortels la Nature l'ordonne.
Honore mon tombeau d'vne verte couronne
   De Laurier immortel, & de deux beaux croissans
   De roses, & d'œillets, & de lys blanchissans:
Tesmoings de la rigueur de ma fiere Bellonne.
Esleue aux quatre coins de mon heureux tombeau,
   Quatre Nymphes d: Broze, ou du marbre plus beau,
   Qui tesmoignent l'ennuy que ma mort leur apporte.
Ia desia i'apperçoy maint passant estranger,
   Qui pour sçauoir ce dueil à toy se vient ranger:
   A tous il te faudra respondre en telle sorte.

                                                Quelle

## XCVI.

Quelle Nymphe est-ce là?qui en face pallie,    Pass.
  Refoulle de ses pieds deux grands croissans de fleurs:
  Et celle qui remplit un vase de ses pleurs?
  Quelles,quelles(passant)c'est Minerue & Thalie. Pless.
Dy moy de grace encor qui est celle qui lie    Pass.
  Ses pieds dessus son col en signal de mal-heurs:
  Et celle qui du flanc arrache ses douleurs,    Pless.
  C'est la belle Ciprine,& la chaste Delie.    Pass.
Quels apprests sont-ce là?en ces pompes funebres,    Pless.
  D'vn à qui son Soleil enfanta les tenebres,
  Et le feit Citoien des Plutoniques lieux.
Pleurez,pleurez(passant)sa sentence cruelle,
  Car helas il deuoit pour son amour fidelle,
  Ainsi que Caliston,estre vn astre de Cieux.

## XCVII.

Ne fais point mon tombeau sur les portraits antiques,
  Richement labourez d'vn immortel labeur:
  Qui pour digne loyer honorent la grandeur,
  De ceux qui ont accreu le bien des republiques.
Qu'il n'y ayt al'entour ny frises,ny portiques,
  Ny chapiteaux dorez,mais qu'en vn champ d'azur,
  Soient grauez ces six vers qu'exalle ma froideur:
  Pour tesmoigner l'effort de mes flames pudicques.
Sous ce marbre icy gist vn amant dont la Vie,
  Fut de sa propre vie en viuant asseruie:
  Et par le seul trespas a sceu dompter la Mort.
Vne maistresse icy tint son corps & son ame,
  Et or qu'il est tapi sous la poudreuse lame,
  D'Amour,de Mort,& d'elle,a surmonté l'effort.

P

### XCVIII.

*Vous grāds Dieux qui dōptez les plus braues fureurs,*
*Et qui Ciel, Terre, & Mer, faites trēbler de crainte:*
*Vous qui brisez les corps, qui rendez l'ame estrainte,*
*Et refoulez au pied les plus grands Empereurs.*
*Vous qui des creux enfers aigrissez les terreurs,*
*Vous qui donnez confort à la personne attainte,*
*Des plus frequēs mal-heurs dont la vie est enceinte:*
*Arrestez par ma mort le cours de mes mal-heurs.*
*Je semble ore vn rocher qui par les mers ireuses,*
*Sert de iouet aux vents sur les vagues douteuses,*
*N'esperant seulement fors en son desespoir.*
*Car helas ce cruel me mord, me lime, & ronge,*
*Je ne suis plus moymesme, ains vn friuole songe,*
*Qui erre çà & là sans force ny pouuoir.*

### XCIX.

*Tousiours de Iupiter le foudroyant tonnerre,*
*N'escorne estincelant les Rocs fermeplantez:*
*Tousiours des monts bruslans les gosiers esuentez,*
*N'emplissent l'air de flame & de cendre la Terre:*
*Tousiours l'Austre mutin les grands sapins n'atterre,*
*Tousiours des flots hideux les Cieux ne sont hantez,*
*Et tousiours des mortels les cueurs espouuentez,*
*Ne fremissent au choc qu'vn orage desserre:*
*Tousiours l'alme Soleil loing de noz yeux ne luit,*
*Tousiours nous ne voyons les horreurs de la nuict,*
*Et tosiouurs les enfers ne s'agrauent d'encombres:*
*Tout change quelquefois dessous le firmament,*
*Le calme suit l'orage & la clairté les ombres,*
*Mais mon mal-heureux sort dure eternellement.*

*Parce*

## C.

Par ce fer outrageux ma vie finira,
   Eusses-tu du berger la veuë gardienne,
   Et feussay-ie changé comme l'Inachienne,
Je feray que ma mort ma peine guarira,
Mon ombre en gemissant par les enfers dira,
   Que ta fureur, ton fiel, & la cruauté tienne,
   Surpasse en mon endroit la bande stigienne,
Et qu'apres ton trespas leur force perira.
Malgré tous les tourmens sous tes loix endurez,
   Bien que l'Air, l'Eau, la Terre, & les Cieux coniurez,
   Ayent fait leur effort pour mal-heurer ma vie.
Malgré eux, malgré toy, desdaignant ta rigueur,
   De ce poignart icy ie perceray mon cueur,
   Et rendray de mon sang ma fureur assouuie.

## C I.

Si ie chante ces vers d'vne voix brusque & forte,
   Leur peignant sur le front vne image de mort:
   Je dy la cruauté de mon rigoureux sort,
Et l'ardant desespoir qui de moy me transporte.
Vn chacun peut aymer, mais non de mesme sorte,
   Tous les vents soufflēt bien, mais nō d'vn mesme effort:
   Les astres tournēt tous, mais non d'vn mesme accord:
Car la pluralité la discordance apporte.
Tous les humains sont faits de chair, d'os, & de sang,
   Et l'amour peut de tous esguillonner le flanc,
   Mais l'humeur differente en desguise la flame:
C'est pourquoy seul poussé d'vn sort trop rigoureux,
   Et seul qui meurt seruant vne parfaite dame,
   Seul ie chante ces vers comme moy furieux.

## LIVRE SECOND
### PRIERE.

Chaste feu de mon cueur vniquement re-
ceu,
Heureux cueur par mon œil heureusemēt
deceu,
Astre heureux qui luisois au leuer de ma vie,
Rauissez auec moy celle qui tient rauie,
L'ame que les hauts Cieux auoient infuse en moy.
O iuste Deité qu'ore vne iuste Loy,
Torde de noz destins vne pareille trame:
Et consomme noz cueurs par vne esgalle flame.
Desia plus à mes yeux nulle clairté ne luict,
Vif i'adore l'horreur d'vne eternelle nuict,
Tout ce qui peut ayder m'est mortel & contraire,
Je ne puis conceuoir plaisir qu'à me desplaire,
Le miel me semble fiel, & d'vn songe fatal,
Le mal me semble bien, le bien me semble mal:
Et la mort & l'amour d'vne main inesgale,
Tracent en mes mal-heurs les mal-heurs de Bupale,
Enflant du desespoir mon cueur iamais dompté
Sinon de ce qui eust Iupiter surmonté.
TELIE si ma mort te rendoit immortelle,
Moy-mesme ie voudrois te rendre plus cruelle:
Affin qu'en mon trespas auec ta cruauté,
Creust ton heur, ton honneur, ta gloire, & ta beauté.
Honteuse ne me pers, en te perdant toy-mesme:
Assez tost nous meurtrit la Parque froide & blesme,
Sans par nostre deffaut esperonnant noz iours,
Trancher malgre le sort leur perdurable cours.

*Escoute*

# AMOVRS.

Escoute donc mes cris, & si la saincte essence,
Tend l'oreille aux mortels & leur remet l'offence:
Excuse excuse moy d'vne si belle erreur:
Le cueur plus haut guindé merite plus d'honneur.
Ie veux voir de ton feu mon aelle consommee,
Et qu'encor de mon nom vne mer soit nommee.

## STANCES.

I nous croyons Amour l'ame entiere du monde,
Germe du Feu, de l'Air, de la Terre, & de l'Onde,
Guide du contr'accord des mouuemens diuers:
Et s'il est en moy sec, leger, pesant, humide,
Doux, amer, calme, ireux, & content, & auide,
Ne puis-ie comparer mon corps à l'vniuers.

Le Ciel nourrit la Terre, & faut qu'il se nourrisse,
Du feu qu'il a infus au fons de sa matrice,
Ou d'vn eternel ordre il entre & tost refuit:
Madame est bien mon Ciel, & son centre est mon ame,
Ou son bel œil influe vne diuine flame,
Mais ce qui la nourrit est-ce qui me destruit.

Le feu qui du haut Ciel s'allume dans la Masse,
Se nourrit de l'humeur qu'en son centre il amasse,
Dont il anime tout deçà delà diffus:
Le feu qui part des yeux de ma belle inhumaine,

Se nourrit de mon sang, & court de veine en veine,
Animant les tourmens qui me rendent confus.

L'œil du Ciel attirant la vapeur qui s'esleue,
Grossit l'air de nuaux, puis coup à coup les creue,
Desserrant assouuy leur fais precipité:
Ainsi l'œil de mon Ciel qui sa puissance esgalle,
Attire par mes yeux mon ame qui s'exalle:
Mais plus il a du mien plus il semble irrité.

Les Astres sont parfaits, estans pourueus de vie,
Non iamais deffaillante, ains de soy poursuiuie,
Qui ramene dans eux leur parfait mouuement:
Et mes tourmens causez d'vne essence immortelle,
Recommencent tousiours leur Carolle eternelle,
Tellement que leur fin est leur commencement.

Les monts tousiours bruslans de leurs veines souf-
        freusses,
Chassent en tourbillons les fumieres venteuses,
Et par mille gosiers donnent air à leur feu:
Je brusle incessamment, & n'ay rien dans mes veines,
Qui ne soit ensouffré: d'ou procedent mes peines,
Mais ma flame ne peut s'exaller tant soit peu.

Le grand pere Ocean de ses chuches renuerse,
L'eau qui de veine en veine en la Terre trauerse,
Et resourd en maints lieux dont se font les ruisseaux:
Madame espand ainsi l'ennuy qui me martyre,
L'Occean donne l'eau puis à soy la retire.

                                        Mais

## AMOVRS.

Mais elle ne reprend vn seul de mes trauaux.

Le pere au double front regarde des annees,
Et les commencemens & les fins terminees,
Sans forcer de leur cours le vray poinct compassé :
Ie voy mes premiers maux & ceux qu'elle m'apporte,
Grauez dessus mon cueur : mais la fin trop plus forte,
Fait que le prochain mal efface le passé.

On voit souuent au soir semontagner les nues,
Ou se feindre en maints corps de chimeres cornues,
Qui balliez du vent faillent en vn moment :
Ainsi de mes pensers la cohorte importune,
Se transforme en cent corps : mais leur source cõmune,
Dedans moy mal-heureux flue eternellement.

Or les forests, la pree, & les plaines desertes,
Sont de fueilles, de fleurs, & despits recouuertes,
L'arbre pousse en cotton le bouton de son fruict :
Bref on voit le printemps, & l'esté, & l'autonne,
Donner fleurs, grains, & fruicts, mais nul d'eux ne me
Que l'obstiné tourment qui cruel me destruit. ( donne.

Tout ce que les Cieux ont de maligne influence,
Tout ce que les enfers ont d'aspre violence,
Sont ore à mon mal-heur fierement coniurez :
Car tout ce qui est clos dans ce grand hemisphere,
Le Feu, l'Air, l'Eau, la Terre, & le Ciel m'est cõtraire,
Tesmoingnant leurs efforts en mes maux endurez.

LIVRE SECOND

Mon destin me reduit au pouuoir de la Parque,
Mon desir & ma foy me guident en sa barque,
Le cruel desespoir m'enchaisne sous sa Loy:
Chacun des Ellemens en ma peine s'obstine,
Les Dieux iurent ma mort, bref toute la machine,
Iallouse de mon bien coniure contre moy.

Encor en ces mal-heurs prendrois-ie patiẽce,
Si madame chassoit l'extreme deffiance,
Qui me ronge le cueur, & luy glace le sang:
Mais d'estre tousiours serf de l'iniuste fortune,
Et nourrir vn regret qui sans fin m'importune,
N'est-ce porter la Mort, non l'amour à mon flanc.

O Dieux pressez ma fin, ou forcez ma rebelle
De s'asseurer de moy, (qui n'adore rien qu'elle:)
Banissez le soupçon qui nous traisne au cercueil.
Car helas n'est-ce pas vne preuue assez grande,
De ma fidelité, luy vouer pour offrande,
Ma foy, mõ cueur, mes sens, ma frãchise & mõ vueil.

Et vous vers qui m'auez armé contre moy-mesme,
Tresfidelles tesmoings de ma douleur extreme,
Imprimez sur voz frons ce que ie sens en moy:
Puis me laissant transi vollez vers ma Deesse,
Et taschant d'amolir sa fierté qui me blesse,
Offrez luy auec vous & ma Vie & ma Foy.

STANCES

## AMOVRS.
## STANCES.

OR que le grand flambeau qui redore
  les Cieux,
Se plonge sous les eaux: s'opposant à
  noz yeux,
Le tenebreux reply d'vne courtine
brune:
J'erreray par l'obscur dans l'espaisseur des bois,
Et redoublant le son de ma mourante voix,
Je me plaindray au Ciel de ma triste infortune.

Premier que l'Indien ait senty son retour,
Et que mon œil desclos apperçoiue le iour,
J'auray fait mille plains de mon cruel martyre:
Et pour iuste tesmoing de mes aigres douleurs,
Je tordray mes cheueux & feray de mes pleurs,
Accroistre des Tritons l'impetueux Empire.

Puis qu'il faut que mon ame ore esprouue l'effort,
D'vne plus viue ardeur:i'inuoqueray la Mort
Pour mon dernier secours: car il faut que ie cede.
C'est vn Dieu qui m'assaut, ie ne puis resister,
Et quant ie le pourrois ie ne veux l'irriter,
Mais de l'homme affligé la plainte est le remede.

O Ciel, ô Terre, ô Mer, ô plages, ô costaux,
O vallee ombrageuse, ô cruels animaux,
O fleuues, ô forests, ô deserts, ô fontaines:
O vous iustes tesmoings de l'ardeur que ie sens,

Q

Donnez moy double force à former mes accens,
Et saisis de pitié plaignez vous de mes peines.

Si vous eustes iamais l'estomac allumé,
Du feu qui me rend or transi & consommé,
Nymphes qui seiournez le long de ces riuages:
Iugez, helas, iugez entendant ma clameur,
Qu'elle est la passion dont renaist ma douleur,
Et combien nuict & iour amour me fait d'outrages.

Quel plus infortuné que moy marche icy bas,
Si à chacun moment i'appelle mon trespas,
Vaincu & desarmé & de raison & d'armes?
Quel cueur s'embrasa onc d'vn feu plus deuorant,
Et quel martyr reduit à vn plus grief tourment,
Que moy qui meurs au feu tout degouttant de larmes?

Les Dieux iustes vengeurs du meschef des humains,
Me font trop resentir la rigueur de leurs mains,
Vn importun remors me sert de penitence:
Vn tardif repentir est mon ioug onereux,
Et mon seul reconfort est qu'il meurt bien heureux,
Qui d'vne honeste mort peut lauer son offence.

Amour sous vn plaisir m'a tramé mille maux,
Il m'a rendu captif comme les animaux,
Au ioug d'vn desespoir: le desespoir me donne,
La fureur, le regret, le despit, le courroux,
La paleur, & la peur, qui me conduisent tous,
Sous le pouuoir fatal de la Parque felonne.

De

## AMOVRS.

De mille & mille traits il m'entrouure le flanc,
Il se baigne cruel dedans mon tiede sang,
Il me suit en tous lieux amoindrissant ma force :
Jamais ie ne le voy apparent à mes yeux,
Mais helas ie le sens dedans moy furieux,
Et mon corps ne luy sert que d'vne vaine escorce.

Tel fut de ce tyran la ligne, & l'ameçon,
Le feu, le las, le trait, la glus & la chanson,
Qu'or ie me pais de dueil, ie brusle, & suis en glace :
Douteux, & asseuré, esperant, sans espoir,
N'aymant rien que sa veue, & craignant de la voir,
Donc l'vn fait que ie vy, l'autre que ie trespasse.

Lors que le premier trait qui me feit amoureux,
Entama mes poulmons ie m'estimay heureux,
Esguillonnant plus fort ma ieunesse inconstante :
Mais helas maintenant i'erre seul furieux,
Et maudissant le sort qui me rend mal-heureux,
Auec les sourds rochers mon erreur ie lamente.

Je bruslay quelque temps en vne douce ardeur,
Honorant le brandon qui m'enflamoit le cueur,
Sans penser & sans peur d'autres futures peines :
Mais (ô sort inhumain) dont ie pallis d'horreur,
J'adorois mal-heureux l'obiect de mon mal-heur,
Et versois l'huille au feu qui embrase mes veines.

Je cerne ces forests de maints & maints circuits,
J'imprime mille pas sur ces sablons recuicts.

Q ij

Alors que de fureur ma pauure ame est attainte:
Pleurant, plaignant, criant, deçà delà ie cours,
Les rochers, & les bois, & les fleuues sont sourds,
Et nul sinon Eco n'accompagne ma plainte.

Si pour tromper le soing qui me ronge les os,
Ie vay de part en part chercher quelque repos,
Essayant d'allenter l'ardeur qui me transporte:
Soit parmy les forests aux lieux plus escartez,
Soit parmy la frescheur des riuages hantez,
Se cachant à mes yeux elle me sert d'escorte.

Elle abat ma fureur, si criant ô trespas
Vien vien siller mes yeux, elle me respond (pas),
Car ce dernier accent dompte ma violence.
Si sentant brusquement l'ire me transporter,
Ie fais mille regrets: pour me reconforter,
Elle redit les plaints de son antique offence.

Ie suis seul agité sur la mer de mal-heurs,
Dans vn esquif percé, submergé de mes pleurs,
Sans mast, sans gouuernail, sans fanal, sans estoille.
Le destin coniuré s'oppose à mon retour,
Iamais pour me guider ne me luit le beau iour,
Ains la nuict clost le Ciel d'vn plus obscurcy voelle.

Ie vay triste & pensif l'œil tout moiste de pleurs,
Ore au frais d'vn boccage, & or parmy les fleurs,
Ou souuent s'endormoit ma Sinope cruelle:
Ie voy les lieux hantez, i'apperçoy les Cipres,

Les

Les riuages dorez, les ruisseaux & les prez,
Mais helas, ie ne trouue aucune trace d'elle.

Infortuné ie cherche & ne puis rien trouuer,
Fors amour qui me fait mille morts esprouuer,
Et de mes tristes yeux rend l'humeur escoullee:
Ie n'ay veines, ny nerfs, ny muscles, ny tandons,
Qui ne sentent l'ardeur de ses cuisans brandons,
Et ma dolente ame est sa victime immolee.

Si vaincu du trauail le sommeil ocieux,
De son glueux plumeau vient esuenter mes yeux,
I'estends mes membres las ou m'abat mon martyre:
Portant le dueil au sein, & l'amour dans le flanc,
Ie sens roidir mes nerfs, & se glacer mon sang,
Et ma chair s'escouler ainsi qu'au feu la cire.

S'il auient que mon chef lentement agraué
Se penche sur mon sein de mille pleurs laué
Et que d'vn dur sommeil s'attache ma paupiere:
Le songe me bleceant d'vn plus veneneux trait,
M'offre en mille façons, l'idee & le portrait,
Des vertus du corps, de ma belle guerriere.

Ce pendant qu'en esprit i'entreuoy ses beautez,
Mes membres sont exempts de toutes cruautez,
Ils sentent le repos autant que ie sommeille:
Mais le moindre rameau qui tremble au fler du vent,
Mon repos loin de moy s'enuolle & me leuant,
Pour le suiure abusé ma douleur se resucille.

Q iij

## LIVRE SECOND

Ie remplis de son nom les rochers & les bois,
Lesquels meuz de pitié font renaistre ma voix,
Et leurs resonnemens font renaistre mes peines :
Bref cuidant par mes plains son courage adoucir,
Ie me sens comme vn roc froidement endurcir,
Et mon sang tout bruslant se glacer dans mes veines.

Comme on voit en esté les espics iaunissans,
Cà & là micourbez se chocquer fremissans,
Agitez par l'effort de la Bise sifflante :
Ainsi du desespoir & de l'amour batu,
Ie languis pallissant sous leurs pieds abatu,
Et ne me reste rien fors que la voix tremblante.

Le feu, le neud, la peur, les souspirs, les sanglots,
Les desirs, les regrets, ennemis du repos,
Font de mon estomac vne confuse masse.
Bruslé, lié, tremblant, languissant, & transi,
Ie me plains du destin qui me mal-heure ainsi,
Et l'espoir m'entretient au brasier de ma glace.

L'estomac gros de dueil enfante les souspirs,
Le tresor plus caché augmente les desirs,
Rien n'est tant souhaitté que la chose impossible :
Mon amour vient du Ciel, & ce qui tient des Dieux,
Deust auoir tout pouuoir en ces terrestres lieux,
Mais ma dame par tout est rendue inuincible.

Si par la sombre horreur de ces bois tenebreux,
Ou ne percent les traits du Soleil radieux,
*I'inuoque*

AMOVRS.

J'inuoque les fureurs pour toute medecine:
Elles oyent mes cris & s'approchent de moy,
Mais cuidant me renger sous leur fatale loy,
Leurs yeux sont aueuglez de sa splendeur diuine.

Puis si pour leur deffaut d'vn vueil trop inhumain,
Encontre moy chetif j'arme ma propre main,
Comme l'auide ardeur trouble ma fantasie:
Haussant mon bras cruel pour me donner la mort,
Soudain vn souuenir viuement me remort,
Qui fait que malgré moy, ie conserue ma vie.

Ciel quel est mon sort, & pourquoy font les Dieux,
Ce qui rend aux mortels leur pouuoir odieux:
Pourquoy font ils nommer la nature marastre.
S'ils me veullent punir de l'erreur de mes yeux;
Pourquoy me font ils voir nuict & iour en tous lieux,
La mortelle beauté dont ie suis idolatre.

## DIALOGVE.

A. Mes yeux ennemys qui m'auez fait la proye
D'vn plus ardent lyon que l'embra-
seur de Troye,
Traistressement armez pour me don-
ner la Loy.
Helas dittes aumoins si vous versez ces larmes,
Pour estaindre mon feu, ou pour tremper les armes,
Dont mon cruel vainqueur s'efforce contre moy.

B. *Ces pleurs que nous versons, sont pour laver l'offence*
*Commise à nostre dam, lors que sans resistence,*
*Nous permismes l'entree à ton cruel vainqueur:*
*C'est nostre penitence, & pour tascher encore,*
*D'estaindre le brasie qui dedans te devore,*
*Ou noyer le tiran qui saccage ton cueur.*

A. *O pauvres insencez, seuls haineurs de mon ayse,*
*Cuidez vous qu'un peu d'eau peust estaindre la braise,*
*Qui me brusle au dedans, la versant par dehors?*
*Non non, mais vous deviez lors que l'amour cruelle*
*S'efforcea d'y entrer, d'une source eternelle,*
*Espencher une Mer tout autour de mon corps.*

B. *Lors qu'amour nous surprit, nous sentismes ton ame*
*Ayse de concevoir ceste importune flame,*
*Car nous ne pechons point si n'y sommes induits.*
*Mais ore ton cueur las d'endurer ses attaintes,*
*Chãge ton sang en pleurs, & ces pleurs sont cõtraintes,*
*De s'espandre par nous qui sommes leurs conduits.*

A. *Le feu cerche le feu, & fuit l'eau son contraire:*
*Mon cueur qui vous deçoit, se plaist à me desplaire,*
*Et vous chasse ces pleurs pour se mieux consumer.*
*Cessez donques mes yeux despuiser ma poitrine,*
*Les pleurs ne peuvent rien contre l'ardeur divine:*
*L'amour né de la Mer, peut la Mer enflamer.*

ODE

## ODE.

E la vermeille courriere,
La rouſſoyante lumiere,
Se r'anime chacun iour:
Iamais la Lune blafarde,
Plus d'vn quartier ne retarde,
Faiſant ſon oblique tour.

Iamais les ondes ſoufflees,
Ne deffaillent d'eſtre enflees,
Au temps des Ides de Mars:
Touſiours l'herbe verdiſſante,
Eſt au printemps renaiſſante,
Dans l'encloſture des parcs.

Du manoir rempli d'encombre,
La porte puante & ſombre,
Eſt ouuerte à l'arriuer:
Mais quand l'ame vagabonde,
Afranchi la bourbeuſe onde,
On ne l'en peut retirer.

Atropos groſſe d'ennuie,
Sçait bien tapir noſtre vie,
Deſſous le tumbeau reclus:
Mais quand par ſa main meurtriere,
Elle eſt proye d'vne biere,
Clotho ne la file plus.

Toutes les ſorceleries,
Et les vieilles reſueries,
Dont on ſe rompt le cerueau:
Ne ſçauroyent limiter l'heure,

R

Qu'il est destiné qu'on meure,
Ny nous garder du tumbeau.
   L'essensielle influence,
S'est reserué la science,
De cognoistre tels secrets:
Il ne fault doncq' qu'on arreste,
Aux menteurs qui nostre teste,
Chargent de mille regrets.
   Qui est le Roy que la Parque,
Ne fait descendre en sa barque,
Pesle mesle errant au port?
Quelles couronnes puissantes,
Quelles masses d'or luisantes,
Le rachettent de la mort?
   Ie compare ta fortune,
Au grand seiour de Neptune,
Lors qu'il est plus irrité:
Qui les Masts pousse aux estoilles,
Puis tantost cache les voelles,
Dessoubs sa concauité.
   C'est comme vne nue obscure,
Qui gloute, boit par grand' cure,
La terrestre humidité:
Puis creuant elle desserre,
Son lourd fardeau sur la Terre,
Lourdement precipité.
   Le Picuert cherchant sa proye,
Dans la formilliere voye,
De sa langue les deçoit:
Saoullant sa faim enragee,

*De la*

De la trouppe autour rangee,
Dont l'aize, la mort conçoit.

   Souuent l'Once à la renuerse,
Enlasse en mainte trauerse,
Sa queue autour du mouton :
Puis l'empoignant à la teste,
Ne laisse rien de la beste,
Que les os & le cotton.

   Souuent la Bergere amasse,
Au lieu de cristal la glace,
Sur quelque hyuerné couppeau :
Puis cuidant de sa conqueste,
(Pauurette) enrichir sa teste,
Elle arrouse son front d'eau.

   Tu doibs bien faire la Chiche,
Du bien dont tu te vois riche :
Et dire que ma valeur,
Merite bien quelque chose :
Mais qu'il ne faut pas que i'ose,
Attenter à ta grandeur.

   Voy la Royne Ægyptienne,
Et la grand' Phœnicienne,
Aymoient elles pour le bien ?
Non, mais deux pauures gendarmes,
Bannis par l'horreur des armes,
Dont le plus grand n'auoit rien.

   Doncq' ce Serpent d'auarice,
Pere enuenimé du vice,
Enlasse bien tes esprits :
Dédaignant celuy (cruelle)

R ij

# LIVRE SECOND

Qui te peut rendre immortelle,
Par ses immortels escripts.
    La vertu incomparable,
N'est comme l'ombre impalpable,
Qui disparoist à tous coups:
Ce n'est pas vne fumee,
Dont se forme la nue,
Qui roulle au dessus de nous.
    La vertu est inuincible,
Car d'vn mont inaccessible,
Elle a basti ses rampars:
Et quand le fils de la Terre,
Vainement luy faict la guerre,
S'occist de ses propres darts.
    Tousiours la riche affluence,
Flatte la concupiscence,
Et produict le plus souuent:
Apres vne longue espargne,
Ainsi que fist la montagne,
Vne souris, ou du vent.

LIVRE

# LIVRE TROISIE-
ME, DIVERS POEMES.

*A HAVLTE ET VERTVEVSE*
*Princesse Madamoiselle d'Atry.*

### SONET.

Vses si vous auiez vous mesmes
    fait vn liure
Qui de si rare don voudriez vous
    honorer,
Sinon vne qui peult en soy faire
    adorer
Ce qui malgré les ans de l'oubli vous deliure?
On vous pourroit dresser cent colonnes de cuiure,
  On vous pourroit de marbre vn temple decorer,
  Mais tout ce que l'acier sçauroit ellabourer,
  Ne peut vainqueur du temps plus d'vn Ciecle re-
La maiesté, l'honneur, le sçauoir, les beautez,   (uiure.
  Et tout ce dont le Ciel orne les Deitez
  Me font voir en vn corps quatre grandes Deesses.
En tel temple mes vœus seront donc recogneus,
  Si en sacrifiant au Soleil des princesses
  Je sers Iunon, Diane, & Palas, & Venus.

                  R iij

LIVRE TROISIEME
## CHANT PASTORAL.
A MADAMOISELLE D'ATRY.

C'Eſtoit au tẽps d'Eſté lors que la canicule,
De ſes raiõs ardãs la Terre fend & bruſle:
Vn matin que les feux qu'on voit la nuict aux Cieux,
S'effaçoient au leuer du Soleil radieux.
Qu'errãt au fonds d'vn val parmy l'herbette humide:
Comme vn ieune poulin qui ſans frein & ſans bride,
Bondiſſant, & ronflant, au trauers des beaux prez,
Foule-gaſte l'eſmail dont ils ſont diaprez.
N'ayant d'vne beauté eſprouué la puiſſance,
Ny les tourmens qu'amour enfante à ſa naiſſance:
Ains l'amour de moy-meſme, & de la liberté,
Qui ſeule me guidoit en ce val eſcarté:
Se monſtrant viuement deſſus ma face emprainte,
Libre d'ambition, de deſir, & de crainte.
Fuyant les bruits ſanglãts, & les cris pleins d'horreur,
Que produit plus ſouuent la ciuille fureur:
Ie hantois des bergers les gentilles carolles,
Et m'eſbatois comme eux deſſus leurs riues molles,
Ou ſouuent i'accordois mon Luth & ma chanſon,
Aux chalumeaux d'auoine, en ſi douce façon,
Que les gais paſtoureaux tous ſaiſis de merueille,
Preſtoient à mes accens & les ſens & l'oreille.

En vn coing de ce val vn grand tertre boſſu,
Couuroit d'vn dos courbé vn bel Antre mouſſu:
Lambriſſé de Lambrunche, & de Roziers ſauuages,
D'Aubeſpins, & de Houx, qui ſerrez par boccages,
Enui-

Enuirõnoient son flanc: puis trois grãds chesnes verds,
De gros touffeaux de Ghuix, & d'Hierres couuerts,
Ombrageoient tout son frõt, de leurs brãches courbees,
S'espanchant çà & là iusqu'aux riues herbees.
D'vne fente du tertre vn sourgeon murmurant,
Distilloit peu à peu, & d'vn bruit doux-courant,
Sembloit conter au roc quelle angoisseuse peine,
Il sentoit pour sortir de sa pierreuse veine.
Zephir (l'Animefleur) de Nature amoureux,
Rehachant coup sur coup de son plumeau venteux,
Crespeloit en cent plis le cristal de son onde:
Qui s'enflant par hoquets poussoit l'areine blonde.
Et en se desrobant d'vn cours serpentelet,
Trainoit à dos rompu son flot argentelet,
Par les molets sentiers que sa fuitte glissante,
Trassoit en mille endroits sous l'herbe verdissante.
  Raui de ces beautez me cuidant approcher,
Pour prendre la frescheur sous l'ombrageux rocher:
Qui est ou plus souuent follastre se recree,
Des Deesses des bois la brigade sacree.
Ie vey qu'au bort de l'eau au plus espais des prez,
Vn troupeau se paissoit des bouquets diaprez,
Que le ieune printemps sous l'humide verpree,
Verse au giron herbeux de l'amoureuse pree.
Et m'arrestant (fiché) sur le bort du ruisseau,
I'entreuis dessous l'autre vn ieune pastoureau,
Qui s'appuyant au roc vn pied sur sa houlette,
Façonnoit vn chapeau de fleur de viollette.
Il auoit d'vn poil blond le chef tout frizonné,
Il auoit iusqu'aux flancs le corps enuironné,

LIVRE TROISIEME

D'vn beau rochet de lin: & pendoit sur sa hanche,
Vne grand' Pannetiere à bors de laine blanche.
Puis posant sur son front l'ouurage de ses doigts,
Et ioignant sa muzette aux accens de sa voix:
Doucement langoureux chanta en ceste sorte.
 Plustost on pourra voir mon alleine assez forte,
Pour esbranler ce roc, plustost l'oiseau leger,
Las d'habiter le vuide en Taureau se changer:
Plustost mon Bouc paistra sur les Alpes cornues,
(Ou la glace ne fond,) les herbettes menues:
Plustost les Elephans apprendront à voller,
Plustost les cerfs paistront les reiettons par l'air,
Et plustost durcira au feu la cire molle,
Que du cueur de Thyrsis sorte la belle Iole.
 Muet comme vn poisson i'escoutois ce pasteur,
Souspirer ses amours auec telle douceur.
Quand i'apperceuz leuer la gentille pucelle,
Qui dardoit dans son cueur l'amoureuse estincelle.
 Elle auoit le tein clair, claire & blanche la peau:
Sur son front se voutoit vn albastrin coupeau
(Des graces le seiour:) & dessus cest albastre,
Vn poil prime-doré s'esparpilloit follastre,
Au plaisir des Zephirs, & sa bouche au dehors,
De couraux vermeillets leuoit deux petis bords:
La main, le sein, la gorge, & la ioue & l'oreille,
Faisoient honte au beau tein d'vne Roze vermeille:
L'œil pareil à Venus, sous vn double croissant
D'vn poil de rang fiché: qui en se rondissant,
Sembloit l'arc dont Amour penetrant dedans l'ame,
Descoche tout d'vn coup la sagette & la flame.

            Et

Et comme vn bel œillet qui s'esclost du bouton,
Vne rougeur sortoit au millieu du teton.
  D'vn lacis à maillons estoit sa chiquenie,
D'vne frange de laine & de houpes garnie:
Qui iusques au genouil flottoit d'vn large tour,
Ou mille cueurs naurez s'esleuoient à l'entour.
Son chef semé de fleurs: & ses tresses frizees,
Sembloient naïfuement à ces ondes brizees,
Que lon voit quãd deux vents cõtrairement soufflãts,
De quelque estroit ruisseau les deux bors võt enflants.
Rien ny auoit de tel sous le rond de la Lune:
Car toutes les beautez estoient iointes en vne.
Alors pressant son cueur d'vn amoureux soucy,
Commença doucement à souspirer ainsi.
  Rochers soyez tesmoings qu'il n'y eust onq bergere,
Driade, Amadriade, ou Nymphe boccagere,
Qui m'esgalle en bon-heur: & que les deitez,
Habitantes és bois par les obscuritez:
Ne sentirent iamais les bien-heureuses flames,
Qui de pareille ardeur esguillonnent noz ames.
Et toy douce moitié dont les perfections,
Font accroistre le feu de mes affections:
Puis que de ton amour ma chere ame est esprise,
Pour monstrer que la tienne est pure & sans feintise,
Ambrasse moy pour gaige vn million de fois:
Et m'enlaceant le corps & le col de tes doigts,
Arrache moy du cueur & du profond des veines,
Par le suc d'vn baiser la rigueur de mes peines.
Aime moy mon Thirsis, car on verra la Mer,
Sans ondes & sans flots pour iamais se calmer:

S

## LIVRE TROISIEME

Les vents ne sortir plus de leur creuse cauerne,
Estre sans puanteur la profondeur d'Auerne,
Vn amant aggraué du sommeil de Cacus,
Venus se resiouir sans Ceres & Bacchus,
Labourer les nuaux, peindre le fil de l'onde,
Rester sans mouuement ceste machine ronde.
Et se brouiller encor le Caos tout assis :
Quand Iole aimera vn autre que Thyrsis.
Et quand les ans chenus allenteroient la flame,
De noz ieunes amours, si est-ce que dans l'ame,
Renaistront chacun iour les feus accoustumez,
Dont nous nous sentons or l'vn de l'autre allumez :
Et tousiours ie diray bien-heureuse ma vie,
De ce qu'elle a esté de ton amour saisie.
Ainsi qu'elle acheuoit le Berger l'accola,
Qui d'vn plus doux accent sa voix renouuela.
 Chere Iole, dit-il, (la moitié de mon ame :)
Croy qu'amour ne nourrit dans mõ cueur autre flame
Que celle de tes yeux : Et que tant que le miel,
Passera de douceur & l'Absinthe, & le fiel :
Que malgré le discort, malgré l'ire, & la foudre,
Qui la Terre & les lieux peut de flames dissoudre :
Malgré tous les soucis, & les soings enchanteurs,
Affin que noz amours par les Ciecles futurs
Renaissent, i'escriray pour memoire eternelle,
En l'escorce de bois nostre ardeur mutuelle :
Et noz cueurs enlassez de mille neuds d'amour,
Croistront auec l'escorse engrauez tout autour :
Qui peut estre aux nepueus du second ou tiers aage,
Donneront de nostre heur asseuré tesmoignage.

             L'vn

L'vn & l'autre se plonge au milieu des plaisirs:
Et l'amour enfanté de leurs ardants desirs,
Se loge dans leurs cueurs, & s'espand par leurs veines,
De brasier, d'allegresse, & de deslices pleines.
Puis leurs yeux languissans, & leurs bras enlacez,
Peu à peu s'agrauans du doux trauail lassez,
S'estendirent en terre: & les douces tempestes,
D'vn sommeil gracieux, firent pencher leurs testes,
Bouche à bouche mourãs: d'vne mort qui aux Dieux,
Sous mainte forme prise a fait quitter les Cieux:
Et qui lors m'engendra dans le cueur vne enuie,
Deschanger au trespas ma franchise & ma vie.
   Mais (las) cest heur cachoit l'amertume d'vn fiel:
Et comme vn Medecin deçoit auecq' le miel,
La langue d'vn enfant, frottant le bort du verre
Ou est l'amer breuuage: ainsi cest heur enserre
Mille & mille mal-heurs. Tesmoings m'en sont les bois,
L'air en vain refrappé d'vne plaintiue voix,
Et le tard repentir que ie leu sur la face
D'vn pasteur languissant: qui de flame & de glace,
Oultragé sans espoir: sanglottoit ses douleurs,
Remaschant à part-luy sa flame & ses malheurs.
   Or ce pasteur lié sous le ioug qui me blesse,
Auoit ia tout le chef aggraué de vieillesse:
Le dos tout recourbé, & l'estomac haslé:
Les yeux (cauez) en feu, le sourcil auallé:
La genciue sans dents, la Barbasse reteinte:
Et sa face ridee, ou la mort estoit peinte.
Et soit que le sommeil luy eust mouillé les yeux,
De l'eau qu'il va puisant dans le fleuue oublieux:

## LIVRE TROISIEME

Ou que le dueil gesnant son ame languissante,
Luy eust graué au cueur vne peur palissante:
Qui l'eust au fort du mal en extaze rendu.
Je le vey pres d'vn pin sur le dos estendu,
Comme vn tronc sans humeur, ou côme vn corps sans
Qui n'attend plus sinon la sepulcralle lame. (ame,
Jcy sa pannetiere, & dela son chappeau:
Jcy sa cornemuze, & dela son Pipeau:
Jcy sa fouace d'orge, & dela sa houlette,
Gisoient autour de luy: (qui foiblement halette,
Comme vne cerf languissant blecé d'vn coup de trait)
Puis sentant le repos à ses membres soustrait,
Jl allonge ses bras, & frottant sa paupiere,
Desclost ses tristes yeux haineux de leur lumiere.
Si qu'esueillant son mal inarmé par le repos,
Souspira lentement vers le Ciel ce propos.
   Dieux qui nous regissez, qu'à bō droit on peut croire,
Jniustement ialoux de nostre humaine gloire:
Qui d'vn double tonneau par vn poix inégal,
Versez dessus noz chefs ou le bien ou le mal.
Oyez pourquoy ie porte empreinte en mon visage,
De la peur, de la faim, & du tumbeau l'image:
Et pourquoy la fureur qui bourrelle me suit,
Fais sur fais emmoucelle vn mal qui me destruit.
Oyez par quelle peine vne sueur molace,
Arrouze froidement ma palissante face:
Quel Dieu, quel feu, quel fer, quelle auare Atropos,
Me destruit, brusle, froisse, & consomme les os.
Quelle morne langueur me force & me maistrise,
Et qui tient sous ses loix mon ame esprise prise.
                                       Sçachez

Sçachez comme vn Daimon aueuglant mes esprits,
Me tient depuis cinq ans aux liens de Cypris:
Et qu'entrant par mes yeux ennemis de mon ayse,
Il bastit dans mon sein vne ardante fournaise:
Où martelant mon cueur soit de nuict soit de iour,
Me saisit sang & sens, du cruel mal d'amour.
Helas trop inhumain, heureux est qui l'ignore:
Il conserue & destruit, il nourrit & deuore,
Tantost chaud, tantost froit, aigredoux, douxamer:
Mal qu'on peut comparer aux ondes de la Mer,
Qu'vn vent mol va frisant d'vne suitte menue:
Puis soudain sous l'horreur du sifflant Chassenue,
S'esbranlant flots sur flots, cillons dessus cillons,
Coiffent le chef d'vn roc de mille tourbillons:
Et frappent blanchissans le fremissant riuage,
Qui bruit du coup souffert sous l'orgueil de l'orage.
Bref il semble l'Esté que l'hyuer triste suit:
Ou le beau iour suiuy d'vne fascheuse nuit.

 Or ce mal importun qui si pressé m'oppresse,
Me prit vn Samedy: lors que fuyant la presse,
Des autres pastoureaux qui en mainte façon,
Retrepignant des pieds dançoient en limaçon.
Accordant doucement leurs fleutes inesgales,
Et leurs pipeaux bastars à la voix des sigales.
Sur la fin de Iuillet que le Cancre bruslant,
Rendoit de sa challeur le Ciel estincelant:
A l'heure que Vesper la Nymphe mariniere,
Des cheuaux du Soleil arrestoit la carriere.
Poursuiuant mon bouc gris, qui rendu amoureux,
De ma grand cheure blanche: incensé, furieux,

S iij

## LIVRE TROISIEME

Erroit deçà delà par les sentes ombreuses:
Et sans craindre la dent des bestes outrageuses,
(Car qui vit amoureux il vit aueugle & sourd:)
Tantost sur vn rocher, tantost dans vn pré court,
Haletant, escumant, & guettant au passage,
La cheure qui fuyoit son amoureuse rage.
Lors vaincu du trauail, de la soif, & du soing,
L'âge ne me permit de les suiure plus loing:
Ains cherchant le canal d'vne source esgaree,
Je voulus raffraischir ma poitrine alteree.
Mais ô cruel destin, approchant de son bort,
J'apperceus la beauté qui me donne la mort:
Beauté que Iupiter auoit transmise en terre,
Pour troubler les mortels d'vne intestine guerre.
Car si tost que mes yeux eurent conceu le feu
Des siens, leurs ennemys: ie seich y peu à peu,
Et quittay malgré moy ma Muzette ruralle.
J'oubliay les doux sons qu'en ces monts de Menalle,
Le Thebain resonnoit sur les nerfs esbranlez,
Du trembler de ses doigts. J'ay mes pipeaux bruslez,
Et mon vieil chalumeau dont la voix charmeresse,
Faisoit danser sous l'eau la trouppe nageresse.
Mon plaisir me desplaist, ie me suis odieux:
Je hay plus que la mort la clairté de mes yeux,
Je conte aux sourds rochers la poison qui me ronge,
Or deceuant mon dueil d'vne vaine mensonge:
Or forceant ma nature, en cuidant alenter
Le feu que ie sens ore à mon dam s'augmenter:
Bref l'ardant desespoir suit le mal que ie souffre.
Toutesfoys c'est vn Dieu qui m'a mis en ce gouffre:
                                                O fiere

O fiere deité, trop inique enuers moy:
Qui m'esclauez le chef sous vne iniuste loy.
Qu'heureux est le mortel, & plus qu'heureux encore,
Qui ne fut iamais serf du mal qui me deuore:
Ou duquel la raison peult briser ce lien.
Mais las contre l'amour la raison ne peut rien:
L'amour porte auec soy plus de force & d'amorce,
Que mille enchantemens: car tant plus ie m'efforce
A desserrer ce neud, ie le restrains plus fort:
Et faut que mon espoir soit ores en la mort,
Qui tranchant le fillet de ma chetiue vie,
Tranchera le mal-heur qui la tient asseruie.
La langueur me desplaist, i'ayme trop mieux mourir:
Et par l'amer trespas vne vie acquerir,
Que viuant voir la mort de tous costez me suiure:
Le mourir est plaisant à qui est las de viure:
Et iamais le danger sans danger n'est vaincu.
Languir depuis cinq ans n'est-ce pas trop vescu,
N'est-ce pas trop vsé de vaine patience,
Et n'est-ce pour blasmer l'immortelle puissance.
On prie en vain celuy qui n'a point de pitié:
On ayme en vain celuy qui n'a point d'amitié.
 Si c'est vous qui tramez l'humaine destinee,
Si vous auez pouuoir sur toute chose nee,
Dieux que n'arrestez vous le cours de ma langueur:
La patience oultree en fin deuient fureur.
Las donnez moy secours au tourment qui me trouble,
Donner sans demander est obliger au double:
Au contraire vn plaisir si long temps attendu,
Bien qu'il ne couste rien, il est trop cher vendu.

## LIVRE TROISIEME

Ainsi ce vieil berger maudit iure & despite,
Les almes deitez: Lors Iupiter s'irrite,
Et ses foudres ardans brandissant de roideur,
Firent crouller la Terre, & froisser la rondeur,
Des globes Aetherez. Si qu'au nuage humide,
S'entortille vn fort vent qui le tourne & le guide,
Tant qu'espaissi en corps l'enfonce tout autour:
Et le pirouettant d'vn forcé contretour,
Le creux se rompant: & du bruit qu'il resonne,
L'enfer, l'onde, le vague, & le Ciel s'en estonne.
Puis craquetant par l'air d'vn rouer violent,
S'esclatta des nuaux comme vn cheuron bruslant,
Au lieu où ce chetif venoit sa fin attendre,
Et meit le bois, l'ament, la Terre, & l'herbe en cendre.
  Lors ie vey tous les vents furieux s'afronter,
Et par vn fier combat l'vn l'autre surmonter:
Puis d'vn fort contrecours, & de rage mutine,
Des grands pins foudroyez d'eschauffer la racine:
Chasser la cendre en l'air, & la dissoudre aussi,
Par l'orage bruyant d'vn tourbillon noircy.
Precipiter les troncs au pied de la montagne,
Esbranlant les rochers: & razant la campagne,
Saccager de Ceres les plaisantes toisons:
Desmembrant parmy l'air le feste des maisons.
  Puis du Ciel vn amas impetueux d'eau trouble,
S'y mesle coup à coup, dont l'orage redouble:
Qui grossit les nuaux contrechassez du vent.
Jusqu'à ce que l'amas repressé se creuant,
Eut vomy sa fierté: & que l'eau bouillonnante,
Traina mille torrens dans la mer violante.

                                                    Dont

Dont les flots esbranlez par les forts bouffemens,
S'entr'ouurirent cauez iusques au fondemens,
De l'humide seiour: tant que l'areine blonde,
Se montra chacun coup descouuerte de l'onde:
Qui en se montagnant d'vn reflot furieux,
Touchoit du haut Æther le grand front sourcilleux.
Et les vaisseaux lancez sur l'orgueilleuse teste
Des rochers blanchissants: furent par la tempeste,
Boulleuersez, froissez, & espars en morceaux:
Vogand deçà delà à la mercy des eaux.
Et les corps engloutis dans l'abysme profonde,
Furent faits la victime & le tribut de l'onde.
   Ainsi donque l'orage, & le foudre poussé,
Vangerent ce grand Dieu ardamment courroucé:
Si que l'air creuassé des esclats du tonnerre,
Paroissoit tout en feu se reioindre à la Terre:
Dont le corps s'esmouuant fremit sous la terreur,
Et les cueurs des mortels furent saisis d'horreur.

## LA METAMORPHOZE DV FIGVIER DEDIEE A MADAME DE SAVVE.

IE me sens agité d'vne fureur diuine,
Je sens vn feu diuin s'esprendre en ma
   poitrine,
Je sens mes yeux sillez s'esclaircir peu à
peu,
Je sens du Delien la faueur & le feu

T

## LIVRE TROISIEME

M'inspirer saintement: embrazé d'vne flame,
Qui me rend immortel: pour chanter d'vne dame,
Les vertus, les beautez, les graces, le sauoir,
Et tout ce que pour mieux l'vniuers peut auoir:
  Muse dy moy de grace & sa race & sa gloire,
Pour mieux les engrauer dans l'Emant de memoire:
Affin qu'à tout iamais malgré l'iniuste sort,
Son nom soit triumphant de l'âge & de la mort.
  Dy moy de Iupiter l'excessiue cholere,
Contre l'enfant amour & sa diuine mere:
Et comme ce grand Dieu tout bouillonnant de fiel,
Leur feit sentir son ire en les chassant du Ciel.
Puis comme Cupidon desdaignant sa puissance,
Sceut courageusement en auoir la vengeance.
  Ce fut vn iour que Mars & la belle Venus,
Dans les rets de Vulcan furent enserrez nus:
Et veus honteusement de la trouppe celeste.
Quand ce grand Iupiter offencé de l'inceste
Commis en son Palais, assembla tous les Dieux:
Affin de la punir ou la bannir des Cieux.
Les Dieux sont assemblez; luy tout enflammé d'ire
Se leue de son trone, & commence à leur dire.
Chacun de vous sçait bien que ie suis Roy des Cieux,
Premier fils de Saturne, & le plus fort des Dieux,
Inuincible vainqueur: & qu'en obeissance
Ie tiens tout l'vniuers: vous auez cognoissance,
Combien mõ aide est prompte, & combien ie suis doulx,
Combien aspre est aussi l'aigreur de mon courroux.
Vous auez à voz yeux veu la faute commise,
Qui ne peut iustement par grace estre remise,

*Selon*

Selon les saintes Loix: car quiconque y est pris
Doit souffrir le trespas, mais d'autant que Cypris
Est de celeste race, & que la mort cruelle
Ne peut rien attenter encontre vne immortelle:
Je la bannis du Ciel, luy arrachant du chef
La vergongne & l'honneur, & puis que du meschef.
Son fils est conuaincu, & qu'il m'a fait la guerre:
Je veux que pour iamais il languisse en la Terre,
Pour voir par le trauail son orgueil surmonté:
Qu'ils vuident donc d'icy telle est ma volonté.

   Il eut dit, & soudain l'enfant auec la mere,
Eurent le cueur saisi d'vne tristesse amere:
Et tous fondus en pleurs prenant congé des Dieux,
Monterent dans vn char, & quitterent les Cieux.
Pleins de dueil infiny, & d'extreme tristesse:
L'vn de l'autre plaignant l'angoisseuse detresse,
Pendant que de Venus les Cignes blanchissans,
Çà & là parmy l'air les portoient languissans:
Jusqu'à ce qu'approchant des Alpes portenues,
Ils se vinrent planter sur leurs simes chenues.
Et là ce triste enfant aggraué du soucy,
Saulte au col de sa mere & luy va dire ainsi.

   Mere qui eus premier Celie pour ton pere,
(Vray bisayeul des Dieux: & la Mer pour ta mere)
Puis que de Iupiter l'implacable courroux,
S'est trop iniustement obstiné contre nous,
Tant qu'il nous faut errer vagabons par le monde,
Abandonnez de tous: Toy donc fille de l'onde,
Royne de la Marine, Erres parmy les flots.
Et moy d'autre costé ayant aellé mon dos,

                          T ij

## LIVRE TROISIEME

Garny d'arc & de traits, par l'air, & par la terre,
J'iray tousiours faisant quelque nouuelle guerre,
Aux hommes & aux Dieux: & mesmement à ceux,
Qui se sont efforcez pour nous voir mal-heureux.
Jurant par ces souspirs, & par ces chaudes larmes,
De troubler tout le Ciel de mes cruels alarmes,
Pour vanger ton honneur & me vanger ainsi,
Sans de nul sacrifice estre vn coup adoucy.
 Comme il eut acheué, Venus ia trop attainte
S'efforcea de pousser vers le Ciel quelque plainte,
Mais ses poulmons enflez comme s'enfloit son mal
De l'air de ses souspirs empeschoient le canal:
Tellement que sa voix ensemble auec ses plaintes,
Furent par les sanglots & les souspirs esteintes.
 Puis à la fin chassant sa douleur par les yeux,
Baisant amour luy dit, enfant que i'aime mieux
Mille fois que ma vie, ore il faut que Neptune
Prenne pitié de moy, pauure que la fortune
Ballance inconstamment, ore bas, ore haut:
C'est ore, cher enfant, las c'est ore qu'il faut,
Me separer de toy, puis que la destince
M'a ainsi comme à toy ma peine terminee.
Va que l'ire du Ciel ne puisse rien sur toy,
Qu'immortels & mortels soient rangez sous ta Loy,
Que tes traits punisseurs entament leurs poitrines,
Et que ton feu s'allume en leurs ames diuines.
Ce dit, pluftost qu'vn trait ne part au decocher,
Les Cignes blanchissans franchirent le rocher.
 Lors amour regrettant la maternelle absence
Meit ses aeles au dos, & regardant la France,
         L'Italie,

L'Italie, l'Espagne, & le peuple germain,
Discouroit dedans soy où seroit son chemin.
Il vit l'Italien cauteleux, & ignare,
L'Espagnol trop ardant, arroguant &, barbare,
L'Allemant trop grossier, froit, & intemperé:
Tellement qu'à la fin ayant deliberé,
De regner gracieux sur vne gent courtoise:
Il auancea son vol vers la Terre françoise.
Et tant qu'il vit le iour ne cessa de voller,
Fendant comme vn oiseau les campagnes de l'air.
Jusqu'à ce que la nuict de flames redoree,
Le forcea de s'asseoir sur la riue honoree
Du Rosne impetueux: ou perché dans vn bois,
Le chef desia courbé aux sommeilleuses loix,
Aggraué des trauaux, des ennuis, & des peines:
Sentit couler le somme au plus creux de ses veines.

Mais si tost que L'aurore eut au lict rougissant,
Laissé palle & obscur, son vieillart languissant:
Amour se resueilla, esbranlant son pannage,
Et se meit à voller tout cruel & sauuage,
Çà & là par les bois: y faisant mille maux.
Ore plantant ses traits au cueur des animaux,
Ores pressant leurs flancs d'amoureuses furies,
Voire les courrouceant aux despens de leurs vies.

En vn coin de ce bois Vulcan auoit à part,
Esleué de Diane vn grand temple à l'escart:
Ou comme on voit tousiours aux temples des Deesses,
Pour y sacrifier sont les saintes prestresses.
Luy qui ne recherchoit que de mettre en danger
Le Ciel, l'onde, & la Terre, affin de se venger,

T iij

LIVRE TROISIEME

De ce que Iupiter luy estoit si contraire :
Despité, tenebreux, & enclin à mal faire,
S'enuolla droit au temple, où de son feu vainqueur,
De Chacune prestresse il eschauffa le cueur.
Puis retournant au bois d'vne fuitte soudaine,
Aperceut vne Nymphe au bord d'vne fontaine,
Qui seulle se baignoit, & en cent mille neuds,
De ses doigts Iuoirins crespeloit ses cheueux.
Aussi tost qu'il eut veu tant de beautez emsemble,
Joyeux, c'est or dit-il, qu'il faut que le Ciel tremble
Sous l'horreur de mes coups : & que le Dieu cruel
Qui m'a banny du Ciel, sente le coup mortel
De mes traits porte-feux : ie veux qu'or ma vengeance,
Excessiue en douleur, surpasse sa sentence.

A peine auoit-il dit qu'enfonçant de roideur.
Son arc vers Iupiter, luy enferra le cueur :
D'vn trait trempé de fiel, dont la pointe charmee,
Alluma tout d'vn coup sa poitrine entamee.
Et poulcé de l'ardeur qui luy brusloit le sang,
Couroit portant la fleche attachee à son flanc.
Lors Iupiter sentant augmenter dans son ame,
La cuisante chaleur de l'amoureuse flame :
Luy qui tout immortel n'auoit esté dompté,
Se voyant d'vn vainqueur non cogneu surmonté,
Arma ses bras puissans d'esclairs, & de tonnerre,
Pour les precipiter derechef sur la Terre :
Cuidant que de ses fils l'impatient orgueil,
Les eust encor forcez à forcer le cercueil,
Pour attaquer les Dieux dans le celeste Empire.
Mais amour le voyant ainsi forcener d'ire,

Cholere

### DIVERS POEMES. 76

Cholere,enflé,bouillant,renfrongné,rigoureux,
Luy defcocha d'vn coup mille traits amoureux,
Des beaux yeux de la Nymphe à Diane rendue.
Et rallumant plus fort la flame refpandue
Dans fon immortel fein,le rendit furieux:
Tant qu'il le contraignit d'abandonner les Cieux,
Sous le corps d'vne nue,empanné de la foudre:
Qui tombant fur les pins meit leurs fimes en poudre,
Efcartela leurs troncs, & le plus cruel cueur
Du plus fier animal fut lors faifi de peur:
Eftonnant l'air,la Terre, & les champs de Neptune.
   Or cefte Nymphe eftoit du temps & de fortune,
La fille vnique & chere ou tous deux auoient fait
Luire ce qu'on peut voir de plus rare & parfait.
    Le temps luy auoit peint au plus haut de la face,
L'honneur,la chafteté,la vertu,& la grace,
Ornemens de l'efprit. & pour orner le corps,
Fortune luy donna mille & mille trefors,
Auec mille beautez: fi bien que riche & belle,
Le temps par fes vertus l'euft rendue immortelle.
Sans l'outrageux effort de ce Dieu depité,
Qui voulant attenter à fa pudicité,
Et tranfporté de foy par l'amoureufe rage,
La chercha çà & là de boccage en boccage,
Toufiours enueloppé du nubileux manteau.
Tant qu'il la veit encor nue au bord du ruiffeau,
Où fon ardent vainqueur l'auoit feulle laiffee.
Lors il eut doublement la poitrine offencee
Voyant tant de beautez,fi que tout tranfporté,
Se defpouilla du corps qu'il auoit apporté.

LIVRE TROISIEME
*Et pour mieux approcher il se feit inuisible.*
*Puis cognoissant aussi qu'il estoit impossible,*
*Sans luy charmer les sens d'acheuer son deceing:*
*Luy emplit de sommeil & les yeux & le seing.*
*Et pour n'estre apperceu en sa queste amoureuse,*
*Couurit le front du Ciel d'vne courtine ombreuse.*

  *Tout le long de la nuict iusques au iour vermeil,*
*Il embrassa le corps aggraué du sommeil.*
*Puis si tost que l'Aurore en parsement de Rozes,*
*Le Ciel tout autour d'elle, eut ses portes descloses:*
*Et que le clair Soleil ramena le beau iour.*
*(Plainement assouuy des delices d'amour:*
*Laissant encor la Nymphe au riuage endormie.)*
*Comme la Lune fait le dormeur de Latmie:*
*Auant que le reueil eust defermé ses yeux,*
*Ainsi qu'il vint en terre il retourna aux Cieux.*
*Mais quand il eut franchi les celestes barrieres,*
*La Nymphe s'esueillant dessilla ses paupieres.*
*Et sans rien resentir de l'amour de ce Dieu,*
*Toute troublee en soy de se voir en ce lieu,*
*Et ne sçachant aussi comme elle y est venue:*
*Tantost çà tantost là va retournant sa veuë.*

  *Desia du Rossignol la menassante voix,*
*Faisoit ses tristes pleurs resonner par les bois:*
*Alors qu'elle se leue & va toute pensiue*
*Tãt qu'au fonds d'vn valõ pres d'vn autre elle arriue:*
*Entourné de Cypres, & de bourbeuses eaux:*
*Tout peuplé de hiboux, de loups, & de corbeaux:*
*Noircy de tous costez de puante fumee.*
*D'où sortit effroyable vne vieille Cumee,*

          Toute

*Toute palle, tremblante, & comme en vn tableau,*
*Repreſentant la peur, la faim, & le tombeau.*
*Horriblant ſa poitrine, & renflant ſon courage,*
*Apoſtumé dedans d'vne fielleuſe rage:*
*Son viſage plombé, & ſes cheueux preſſez*
*Sur ſon antique chef, deuindrent heriſſez:*
*Car l'eſprit pronoſtic telle forme luy donne,*
*Lors que rien que la mort ſa langue ne reſonne.*
*La Nymphe eut tout le cueur d'vne frayeur ſurpris:*
*Puis la vieille luy dit, oy ce que i'ay appris*
*Des eſprits de Pluton: lors que de l'eau d'Auerne,*
*J'ay humé au profond de leur noire cauerne.*

   *Jupiter violant ta ſainte & chaſte Loy,*
*Toute vne nuict entiere a couché auec toy:*
*Et t'a remply les flancs de ſa ſainte influence.*
*Mais tu n'es pour cela coupable de l'offence,*
*D'autant qu'il ſ'eſt rendu inuiſible à tes yeux:*
*Qu'il t'a charmé les ſens, & fait couurir les Cieux,*
*Du manteau de la nuict. or de ſa geniture,*
*Vne fille naiſtra, qui ſera de Nature,*
*Le plus rare ornement: car tel eſt ſon deſtin,*
*Que tout le monde enſemble elle aura pour butin.*
*Et pource que de tout i'ay ample cognoiſſance,*
*Je dy que Iupiter t'oſtera la puiſſance*
*De te deſeſperer: & qu'errant dans ces bois,*
*Pour te precipiter: tu orras vne voix*
*Deſcendante du Ciel, dont le nom de ta fille*
*Sera le premier mot. Lors la docte Sibille,*
*S'en retourne en ſon antre: & la Nymphe àpart ſoy,*
*Va reſpandre ſes pleurs en quelque lieu recoy.*

V

## LIVRE TROISIEME

Mais las quand de l'enfant la forme compassee,
Se fut dans la matrice amplement amassee:
Et qu'elle se sentit mere auant que l'amour
Coniugal d'vn mary, l'eust conduitte en plein iour
Hors du temple sacré, & l'eust chaste menee,
Sous la plaisante loy du nopcier Himenee.
Bien qu'il soit impossible à vn Dieu resister,
Cognoissant son honneur raui par Iupiter
Arracha ses cheueux, esgratigna sa face,
Jetta ses vestemens deschirez sur la place,
Chercha tous les moyens de se priuer du iour,
Et r'enuoyer son ame en l'eternel seiour.
Mais n'ayant aucun fer sur soy pour se defaire,
(Comme au desesperé le viure ne peut plaire,)
En maudissant le Ciel, Iupiter, & le sort,
Cherchoit parmy les bois l'instrument de sa mort:
Tant qu'errante elle arriue au bort d'vn precipice,
Et la pour se purger commence vn sacrifice:
En l'honneur de Pluton immolant ses cheueux,
Pour offrande & ses pleurs, puis prononçant ses vœus
Ayant les bras croisez en terre prosternee,
S'escria d'vn long cry: Ô pauure infortunee,
Vray tableau du desastre, où le Ciel despité,
A peint tout le mal-heur & l'infelicité.
O Nymphe criminelle, ô triste & langoureuse,
Suruiuras tu ta honte en viuant mal-heureuse:
N'aimes tu mieux mourir pour viure en ton trespas,
Que viuante esprouuer mille mors icy bas.
Meurs, meurs, donc à ce coup, que ton ombre deuale,
(Libre de passions) dessus l'Orque infernalle.

*Pluton*

## DIVERS POEMES. 78

   *Pluton reçoy ceste ame ornement de ce corps,*
*De la Terre prendra quand elle en sera hors.*
*I'ay parfait de mes ans la carriere ordonnee,*
*Telle que la fortune & le Ciel l'ont bornee:*
*I'ay voulu viure chaste en ce bois escarté,*
*Mais ore me voyant vefue de chasteté,*
*Ie m'en vois à la mort : & mon idole errante,*
*Sera tost aux enfers parmy l'ombre courante,*
*Rendant d'vn tout seul coup mes mal-heurs expirez.*

   *Ayant ces derniers mots tristement soupirez,*
*Iupiter qui du Ciel entendit ses paroles,*
*Que les Zephirs portoient sur leurs alleines molles:*
*Esperdument outré de crainte & de regret,*
*Appelle à soy Mercure & luy dit en secret.*
*Fidelle messager esbranle tes esselles,*
*Sur l'aleine des vents, pren ta verge & tes aelles:*
*Chausse tes talonniers, volle descen la bas,*
*Pour de la belle Nymphe arrester le trespas.*
*Dy luy qu'elle ne soit contre soy si cruelle,*
*Et qu'elle SAVVE au moins ma semence immortelle.*

   *Plustost qu'il n'eut parlé, Mercure plein de soing*
*Se coule dedans l'air, & descouure de loing*
*La Nymphe sur le bort de l'horrible creuace :*
*SAVVE, SAVVE, dit-il de Iupiter la race,*
*SAVVE l'enfant conceu, qui fauory des Dieux,*
*Vn iour aura puissance en la Terre & aux Cieux:*
*Ainsi qu'il eut parlé il refuit dans les nues.*

   *Iunon, Palas, Venus, estoient desia venues,*
*Pour bien-heurer l'enfant à sa natiuité:*
*Comme estant engendré de la dinité.*

V ij

LIVRE TROISIEME

Lucine le receut luy donnant la richesse,
Minerue l'allaitta luy donnant la sagesse,
Et Venus les beautez: puis la sœur d'Apollon,
Arriuant luy offrit la chasteté pour don :
Precieux ornement qu'encore auec la grace
Nous voyons rayonner en sa diuine face.
 Aussi tost qu'il fut né les trois fatales sœurs,
Le fillet de ses ans de leurs doigts ourdisseurs
Trainerent à l'enuy: puis Lachezis s'auance,
Pour chanter les destins de l'heureuse naissance.
 L'enfant que ceste Nymphe a ores enfanté,
Sera par l'uniuers de ma langue vanté,
Diuin germe des Dieux: que le Roy du tonnerre,
A produit immortel pour honorer la Terre.
Et d'autant que l'amour haineux de sa rigueur,
(Ardant de se venger,) luy entama le cueur,
De cent traits eslancez des beaux yeux de sa mere:
Pour iamais aux amans elle deuiendra fiere,
Impiteuse, superbe, ayant la cruauté
Empreinte dans le cueur, comme au front la beauté.
Et non comme mortelle ains comme vne Deesse,
Apres soy trainera les grands Heroes en lesse:
Mettra sans difference au dur ioug de ses Loix,
Les humains & les Dieux, les pasteurs & les Roys,
Les animaux de l'air, de la Terre, & de l'onde,
Les rochers, & les bois, & la masse du monde.
Gouuernant des mortels les destins à son vueil,
Et renflammant le Ciel des beaux rais de son œil.
Voila ce que son pere en graueures ferrees,
Nous a fait imprimer aux voutes Æterees.

L a

*La mere ce pendant s'alloit precipiter,*
*Dans le gouffre profond: sans ce grand Iupiter,*
*Qui retenant au bort sa course violente:*
*Dans les veines du roc, les deux iambes luy plante,*
*Durcit le corps en tronc, & ses deux bras iumeaux,*
*Ses doigts, & ses cheueux, conuertit en rameaux:*
*La muant en figuier consacré à Latonne.*
*Et par preuue d'amour alors mesme il ordonne,*
*Que pour sa chasteté sans fleurir auroit fruict:*
*Et que l'orgueil des vents, & le froit de la nuict,*
*Le Soleil violent, l'orageuse tempeste,*
*Le tonnerre, & l'esclair, n'outrageroient sa teste.*
 *Les Deesses alors dans vn char triumphant,*
*S'esleuerent en l'air: & porterent l'enfant*
*Sur le mont de Parnasse, ou les sœurs Pierides,*
*La nourrirent long temps aux riues Eurotides,*
*De la sainte Ambrozie, & du Nectar des Dieux.*
*Puis s'efforçant encor chacune à qui mieux mieux,*
*De pollir son esprit: & de luy faire boire*
*A longs traits le doulx laict de la sainte memoire,*
*Qui luy offrit ses dons aussi de son costé:*
*D'autant qu'elle passoit les autres en beauté,*
*Les faueurs d'Appollon eut tellement infuzes,*
*Qu'enfin on la prenoit pour maistresse des Muses.*
 *Et lors que ses beaux iours par nombres amassez,*
*En rend douze ou quinze ans sur sa teste entassez:*
*Comme la Parque auoit chanté sa destince,*
*En la court des grands Roys elle fut amenee.*
*(Merueille de ce monde,) où ses yeux tous les iours,*
*Faisoient naistre à l'enuy mille petis amours.*
V iij

LIVRE TROISIEME

Et les cueurs embrasez d'une ardeur eternelle,
En vain tous laguissans brusloient pour l'amour d'elle,
Qui superbe les fuit: les voyant peu à peu
Consommer sans pitié au brasier de son feu.
Et comme son beau corps s'accroissoit auec l'âge,
Cent nouuelles beautez naissoient en son visage:
La grace, la raison, les vertuz & l'honneur.
Tout le monde raui l'estimoit le bon-heur
De la Terre, & des Cieux : tant qu'vne que i'honore
Pour Soleil de noz yeux, l'appella son aurôre :
Et pour de la nuict sombre oster la cruauté,
(Ainsi que l'aube au Ciel) feit luire sa beauté,
Sur le front de la Terre : affin qu'elle naissante
Sa Royalle splendeur nous semblast plus luisante.

Mais ô pauure insensé que veux tu plus chanter,
Qui t'a cillé les yeux, qui t'a sceu enchanter :
Qui t'a vollé tes sens, en te donnant l'audace,
De vouloir raconter vne immortelle race :
De vouloir toy mortel vanter la deité,
Et ia prest à finir louer l'infinité.
Es tu point cest enfant qui d'ælles encirees,
Baptisa de son nom les campagnes verrees.
Es tu point Achelois, ou celle qui dans l'eau,
Se creua pour monstrer la grosseur d'vn taureau.
Veux tu peindre la mer, ou labourer les nues :
Du doigt moudre le chef des grands roches cornues.
Et comme vn laboureur qui voit sur ses cillons,
D'vn torrent orgueilleux rouler les tourbillons,
S'efforce d'empescher leurs violences fieres,
Qui tombent du couppeau de roches montagneres,

Par

Par vn foible rampart,qu'en vne heure il destruit.
Cesse donc de conter les flambeaux de la nuict,
De nombrer des enfers les ames pallissantes,
Et de peindre des vents les carrieres sifflantes.
Appan toy pour victime au pied de son autel,
Et mortel ne pren plus vn suiect immortel.

## SONET.

L'imprudent Ixion trompé du faux nuage,
 Pourchassant de Iunon la haute deité:
 Eut pour iuste loyer de sa cupidité,
 L'inesperé labeur d'vn eternel rouage.
L'audacieux Icare aueuglé de courage,
 Pour s'estre plus haussé que son vol limité,
 Fut iustement puny de sa temerité,
 Tresbuchant dans la mer priué de son plumage.
L'orgueilleux Phaëton cheut encore des Cieux,
 Dans l'humide Occean:& trop ambitieux,
 S'acquesta le surnom d'arrogant & ignare.
Helas SAVVE moy donq,qui ay seul plus osé,
 Ayant en ton honneur ce discours composé:
 Que n'auoient Ixion,Phaëton,& Icare.

LIVRE TROISIEME
## REPROCHES DE MEDEE
A IAZON.
## A TELIE.

Vand il me resouuient ( ô inique &
sans foy,)
De la iuste pitié q̃ ie cõceus pour toy:
Lors qu'encor fleurissante en ma bel-
le ieunesse,
Ta nef vint faire abbort ou i'estois la princesse:
Et que trop follement i'aueuglay ma raison,
Pour te faire vainqueur de l'unique toison.
Je deteste d'enfer la trouppe palissante,
Et du haut Iupiter la d'xtre punissante:
De n'auoir retrenché le fillet de mes iours,
Sans pour me malheurer en prolonger le cours.
Au moins i'eusse emporté la candeur de ma vie,
Et à mille propos ie ne me fusse asseruie.
  O cruel conquereur dont i'aquiers seullement
La fureur, le regret, & le gemissement:
Pourquoy, pourquoy, errant par la plaine liquide,
Ta nef prit elle port au riuage Colchide?
Pourquoy te fut le vent si propre & gracieux,
Enflant tes artemons pour singler en ces lieux?
Pourquoy vey ie tes yeux, pourquoy si fort me pleurẽt,
Tes beaux cheueux dorez qui trop tost me deceurent?
Et pourquoy creu ie encor tes mensongers propos,
Sources du soin cruel qui me ronge les os.
Que pleust à ce grand Dieu qui retient le tonnerre,

*Que*

Que des le premier iour que ta nef en ma terre,
Feit son premier abbort: que les vents orageux,
Eussent esmeu la mer: & ses flots escumeux
Me priuant aussi tost d'auoir ta cognoissance,
T'eussent sans mon secours fait sentir la puissance,
Des Taureaux gardiens: qui d'vn homicide œil,
T'eussent fait gardien d'vn enfouy cercueil.

 O tresp as bien heureux: car auecque ta vie,
Ta laschetè, ton dol, ta foy, ta tromperie,
Feussent peris aussi, & n'eusse sur mon chef,
Le mal heur qui renaist d'vn si triste meschef.

 Le cueur attesnué d'vne longue destresse:
Couuant vne rancueur, allege sa tristesse,
Bien qu'il semble gemir sous le pondereux fais:
Lors qu'il peut reprocher les plaisirs qu'il a faits,
A la personne ingrate. Et encor que ie sçache,
Qu'en vain à mes regrets la bride ie relasche:
Ie te veux accuser de ta desloyauté,
Et maudire le iour que ie vey ta beauté.

 Or ton pere chenu & tout blanc de vieillesse,
Voulant d'vn digne effect honorer ta ieunesse:
D'vn paternel conseil tout le cueur t'anima,
Et ta legere nef royalement arma.
Nef que le vent guida sur ma riue dorée,
Pour te faire emporter la conqueste honorée.
Où le bon Aethé cherement te receut,
Et mon œil à l'instant tout mon mal-heur conceut.

 Mais las, mais las, pourquoy te recueillit mon pere,
(Artisan du grief mal qui or me desespere?)
Pourquoy les vents ireux te sauuant des dangers:

Nous feirent ils loger tels hostes estrangers?
Nuds, tristes, esperdus, affoiblis de famine,
Et ia presque infectez de l'air de la marine.
 Vous fustes bien receuz, & si eustes encor
Les riches vestemens de ioye & de drap d'or.
Là premier ie te vey, & desiray cognoistre,
Ton nom, tes faits, tes dits, & qui tu pouuois estre:
Puis contemplant à part tes gestes vertueux,
O Dieux (disois ie en moy,) il est du sang des Dieux.
Et ta braue apparence à mon dam auancee,
Fut le premier trauail qui gesna ma pensee.
Car si tost qu'en resuant ie t'eu choisi de l'œil,
Ie me laissay dompter à la peine & au dueil:
Et senti peu à peu ma poitrine allumee,
D'vne nouuelle ardeur dont elle est consommee.
 Vne parfaitte amour ne se sçauroit celer,
Le feu couuert enfin est contraint d'exaler,
Vne humide fumee: & le sein de la Terre,
Serré du froit hyuer mille vapeurs desserre,
Sentant raieunir l'air, & l'Esté gracieux,
Luy inciser le flanc en mille & mille lieux.
Cependant que mon pere à poursuyure t'exhorte,
Mon amour se refait plus bruslante & plus forte:
Autant qu'il dit de mots au fil de son propos,
Autant de traits poignans m'esguillonnent les os.
 Pense, dit-il, Iason de rendre surmontees,
Des Taureaux inhumains les ardeurs indomptees:
Ils sont roux de venin, & vont tousiours dardant,
Mille pointes de feu de leur gosier ardant.
Les pieds fourchus d'airin, & les cornes poignantes,
            Eschauffe-

Eschauffez & poussez de fureurs violentes.
　Puis il faut deceuoir le Dragon furieux,
Qui veille incessamment & dont les cruels ieux,
Ne furent onq touchez ny sillez du doux somme:
Ains à tousiours veiller nuict & iour il consomme.
Il est de la façon d'un horrible Serpent,
Il a l'œil furieux, le pied tousiours rampant:
Et son large gosier halette une fumee,
Qui forme autour de luy une espaisse nuee.
　Lors le front te pallit & à tes estrangers,
Et transis de l'effroy de ces prochains dangers,
Ils n'ont poil sur leur chef qui d'horreur ne se dresse,
Banissant tout espoir de retourner en Grece.
　Mais lors que le beau iour loing de nous s'enuolla,
Chacun par le Palais tout pensif s'en alla.
Moy qui sentois d'amour redoubler tes alarmes,
Auisant à escouler le cristal de tes larmes,
Et pencher ton beau col à chef vaincu & las:
Arrachant pour tous mots un languissant helas,
(Comme celle qu'à tort le mal-heur veust destruire,)
Je commençay plus fort auecq' l'œil te conduire,
Ainsi que tu partois pour sortir de ce lieu,
Et te dis à voix basse un bien secret adieu.
　Puis estant aussi tost en ma chambre montee,
De peur, de dueil, d'amour, & de feu surmontee:
Sur mon lict ie me iette esperant sommeiller,
Mais de mille chardons estoit mon oreiller
　Je faignois quelquefois de m'offrir ta figure,
Et le hazardeux sort de ta triste auenture:
Je te faisois combatre en mon entendement,

X ij

Or vainqueur, puis vaincu, & tout en vn moment,
Tu reuenois vers moy vn Laurier sur ta teste,
Honorant de pensers ta douteuse conqueste.
 Ainsi i'auois amour ennemy d'vne part,
La crainte, & le regret, qui forçoyent le rempart,
De ma ieune constance: & qui feirent accroistre,
Le brasier violent qui ne faisoit que naistre.
 Mais quand l'aube eut des Cieux dechassé la noir-
Ie resueillé mon dueil, & ma fidelle seur,   (ceur,
En ma chambre arriuant, me veit pleurer & plaindre,
Tordre mes blōds cheueux, mes lasses mains estraindre,
Roidir toute pasmee, & arracher du flanc,
Mille cuisans sanglots: & mon corps froit & blanc,
Sans aleine & sans pouls: & les bords de ma bouche,
Ternis comme vn œillet qui vieillit sur sa souche.
 Ce n'est ore qu'il faut eslongner ta raison,
Dit-elle (ô chere sœur) ne vois tu pas Iazon,
Qui va tenter l'effort, & les flames mortelles:
Voire s'en va victime à ces bestes cruelles.
Ia desia ie le voy serf de la palle mort,
Si pour le secourir tu n'employes ton sort.
Ne retarde donq plus, mais sois luy secourable,
Il est si accomply, si beau, si aggreable,
Qu'il pourroit les rochers esmouuoir à pitié.
 Alors moy qui bruslois d'vne sainte amitié,
Et qui mille amours aux nourrissois dans mes veines,
Ie fus aussi tost preste à soulager tes peines.
 Vis à vis du palais où mon pere habitoit,
(Helas tu le sçais bien) vne forest estoit,
Si forte, si espaisse, & si fort tenebreuse,

           Que

## DIVERS POEMES. 83

Que du clair Appollon la lueur radieuse,
Soit Hyuer,soit Esté,en plein midy n'y luit:
Ains y dure tousiours vne eternelle nuict.
Où fut construit vn Temple à la façon antique,
Richement labouré d'vn labeur autentique:
Temple qui fut basty pour la virginité,
De la chaste Diane en ceste obscurité:
Tesmoignant qu'au profond des abysmes plus sombres,
Elle enchaisne au tourment les penitentes ombres.
   Là pour vaincre ton sort ie m'en courus expres,
Et en ce mesme lieu ie te vey tost apres:
Et d'vn accent trompeur,& d'vne bouche feinte,
Tu me feis en pleurant ta traistresse complainte.
Disant,ô belle Nymphe en qui les puissans Dieux,
Ont arresté le but de mon pis ou mon mieux:
Qui peux seule trencher le fillet qui ma vie,
Tient à mille mal-heurs tristement asseruie:
Ie sçay que dessus moy tu as eu tout pouuoir,
Qu'il t'en suffise donc sans vser du vouloir:
Tu auras beaucoup plus de louange & de gloire,
Si lon dit qu'en ma main tu ays mis la victoire,
Et que ie sois par toy du peril garenty:
Que si à mon trespas tu auois consenty.
   Or ie t'inuoque donc par mes parens notables,
Par leurs antiquitez,par leurs faits memorables:
Par la rondeur celeste,& par les puissans Dieux,
S'ils ont iamais hanté ces solitaires lieux:
Par les traits de Phœbus,& par ceux de la Lune:
Que tu prenes pitié de ma triste infortune.
   Et si tu veux lier aux hymenales loix,

X iij

## LIVRE TROISIEME

Vne Royne Colchide & vn Prince Gregeois:
Que ie puisse brusler d'vne eternelle flame,
Plustost qu'autre que toy ie choisisse pour femme.
I'en appelle à tesmoing les almes deitez,
Et les Pans & Siluains de ces obscuritez.
   Y a il cueur si dur, ny Lion si sauuage,
Qui n'eust esté vaincu d'vn si traistre langage.
Car qui eust iamais creu qu'vne ieune beauté,
Eust peu seruir de masque à la desloyauté.
Et qui voudroit encor qu'vne tendre pucelle,
Qui n'eut onques en soy ny fraude ny cautelle,
Eust peu se garentir de ton vueil inhumain:
Lors mesmes qu'estendant ta dextre dans ma main,
Tu rendois peu à peu ta complainte plus molle.
Et m'asseurant plus fort d'vne feinte parolle,
Ie vey baigner ton sein de deux ruisseaux de pleurs,
Et tes yeux se cauer rougissans de douleurs.
   Ah mal-heureux propos, ah mal-heureuse feinte,
Ah mal-heureuse foy, qui d'vne amitié sainte,
Pristes le saint manteau: pour mal heureusement,
Me transporter au vueil d'vn infidelle amant.
   Ah mal-heureuse moy, plus mal-heureuse encore,
De nourrir dans mon sein l'Hydre qui me deuore:
Chetiue de t'auoir par ma dexterité,
Fait dompter sans danger la fiere austerité,
Des Taureaux monstrueux, parauant indomptables.
Et pour leurs cruautez aux mortels redoutables.
Tellement que leurs cols de nul trauail pliez,
Par mon art de tes mains furent au ioug liez.
Et du Dragon veillant la paupiere contrainte,

Aux

Aux sommeilleuses loix:si que sa vie esteinte,
Fut par toy,qui suiuant les secrets precedens,
Dedans le champ de Mars allas semer ses dents.
Dont sortit vne gent de lances esquippee,
Qui fut par le trenchant de ta Royalle espee,
Mise à cruelle mort: & leur iour tost estaint,
Tant que de sang vermeil le champ de Mars fut teint.

 Puis suiuant ton dessein tu te mis à parfaire,
Ce que sans mon secours nul mortel n'eust sçeu faire.
Et retournant chez toy plein de gloire, & raison,
Tu menois pour Trophee vne double toison.
Car tu auois gaigné ceste toison doree,
Et vaincu vne Royne en Colches adoree.
Et lors qu'en ces trauaux tu te gesnois d'esmoy,
Tu ne cherchois pour femme autre dame que moy.

 Mais dy moy par toy,(si dans vne feinte ame
La foy pure se loge:)ou estoit ceste dame
Que possede tes sens,lors que la froide peur,
Te glaçoit tout le sang:qu'en ce cruel mal-heur,
Ne te vint secourir:sans que moy trop legere,
(Pour toy)de mon païs me rendisse estrangere,

 Mais où sont les sermens dans les temples iurez,
Ou sont les Dieux hautains pour tesmoings adiurez,
Où sont ces tristes plaints qu'en ce mortel encombre,
Tu me faisois au temple attendant la nuict sombre?
N'auray-ie autre guerdon qu'vn grief banissement,
Qu'vn cruel desespoir,qu'vn dur gemissement,
Et le feu qui tousiours dans mes os renouuelle,
Sera ce le loyer de mon amour fidelle?
Accuseras tu donc source de ton mal-heur,

## LIVRE TROISIEME

Celle qui fut iadis source de ta grandeur:
Celle, celle, grands Dieux qui pour toy inhumaine,
Amassa sur son chef vne eternelle peine.
Car helas tu sçais bien que si ie n'eusse esté,
Que tu n'eusses iamais ce tresor conquesté:
Et n'eusses mis au ioug les violences fieres:
Des Taureaux iettefeux:ny charmé les paupieres,
Du Dragon escaillé:ny dans le champ de Mars,
Foulé dessous tes pieds les corps mors des soldars.

 Puis troublee dans moy d'vne plus dure guerre,
J'ay quitté mes parens, mes amys, & ma Terre:
Et pour du tout complaire à ton lasche desir,
J'ay eschangé mon bien, mon heur, & mon plaisir,
A la fuitte, à l'exil, & sous vne fumee,
Trompé ma chasteté, bany ma renommee,
Voellé mes yeux d'erreur, abusé ma raison,
Et abreuué mes sens de mortelle poison.

 Mais que diray ie plus? pour assouuir ta rage,
Quel exploit malheureux, quel meurtre, quel carnage,
Quel forfait, quelle horreur, quel courage inhumain:
M'ont fait ensanglanter d'vne bourreille main,
Les cousteaux dans mon sang? ô fureur qui me dompte,
Dont ores tout mon front se collore de honte:
Et que mesmes ie crains de descrire en ces vers,
De peur que tout le corps de ce grand vniuers,
Se desmembrant confus pesle mesle s'amasse,
Pour se renuelopper dans sa premiere masse.

 J'ay mon frere en fureur desmembré & desfait,
Puis ses membres iettez:mais pour tout ce forfait,
Je n'ay point craint les vents, ny la fierté des ondes,

Ny

## DIVERS POEMES. 85

Ny des gouffres cruels les abysmes profondes.
    A mon vueil que les Dieux iustement courroucez,
Eussent dessus noz chefs mille foudres poussez:
Ou que des grands rochers les orgueilleuses crestes:
Eussent froissé noz nefs & noz pariures testes:
Affin que deuallant sous l'Orque tenebreux,
Noz esprits feussent ioints à ces manes ombreux,
Sacrifiant d'un coup pour solennelle offrande,
Nous & nostre conqueste à l'infernalle bande.
Sans attendre que sauf dans le temple des Dieux,
Du tresor & du fort rendu victorieux,
Tu la vinces offrir victime au sacrifice,
Sur les autels sacrez: par ainsi nostre vice,
Tout en un mesme instant fust laué par la mort,
Et esteint le forfait qui le cueur me remort.
    Mais quel tort t'ay-ie fait pour estre ainsi haïe,
Et de toy seulement eslongnee & trahie.
Ay-ie un coup violé l'himenal sacrement,
Ay-ie desobey à ton commandement,
Ay-ie osé contre toy prononcer une iniure,
Et t'ay-ie encor esté ou traistresse ou pariure?
    Non ie ne le fus onc: mais toy contre raison,
Tu m'as dit en courroux vuide de ma maison,
Va desloge d'icy: & moy vuide d'offence,
I'eu le cueur tout saisi d'ouyr ceste sentence.
Et mon poulmon s'enflant ministre de mon dueil,
Me feit en souspirant sourdre la larme à l'œil.
    Puis hors de ton Palais ie me suis esloignee,
De deux tendres enfans sans plus accompagnee:
Car lors de ton courroux la rigoreuse loy,

Y

## LIVRE TROISIEME

Ne me permit d'auoir autre trouppe auec moy.
 Ah rigoreux Iazon qui de plus viue flame,
(Compagne des pensers) me brusles dedans l'ame :
Combien, combien de pleurs, de sanglots & d'ennuis,
Fais tu naistre dans moy & les iours & les nuicts.
 Pense pense quel dueil & quelle peine extresme,
Se vint alors loger au plus creux de moymesme:
Quand i'ouy les tabours, & le son des haubois,
Le battement des mains, le murmure des voix,
Les feus accoustumez. pense combien d'allarmes,
Firent troubler mes sens: & de combien de larmes,
Ie baignay mon visage: & combien de Zephirs,
Furent lors engendrez de mes tiedes souspirs.
 Pense qu'encor qu'à moy fust la cause cachee,
I'auois à ce seul but m'a pensee attachee :
Et mes gens asseurez sanglotans mes douleurs,
En vain deuant mes yeux cuidoient celer leurs pleurs.
Car i'enuoyay vers toy pour en estre aduertie,
(Dont helas maintefois ie me suis repentie,)
L'un de mes deux enfans: qui deuant ton Palais,
Veit les pompeus arrois: & d'un de tes valets,
S'enquit pourquoy s'estoit: & l'ayant ouy dire,
Triste & tout espleuré deuers moy se retire,
A pas mornes & lents. & moy pleine de soing,
Sans cesse regardant i'entr'ouy que de loing,
En pleurant il disoit, ô tristes espouzailles,
Combien vous causerez de tristes funerailles.
Et venu iusqu'à moy s'escria hautement,
O chere & doulce mere il est temps maintenant
Que nous vuidions d'icy: car l'amoureuse rage,
A fait

A fait lier mon pere au second mariage.
J'ay veu tous les apprests, & les destriers dorez,
Sont desia pour sa femme au Palais preparez.

Cela creut ma douleur, tellement que ma plainte,
Cuida par la langueur en ma vie estre esteinte.
Et forcenant d'angoisse escoutant ce meschef,
J'arrachay mes cheueux, l'ornement de mon chef:
Deschiray mes habits, & grauay sur ma face,
De mes ongles vengeurs mainte sanglante trace.

Maintefois la fureur m'apporta le vouloir,
De courir comme folle en ce lieu pour y veoir,
Les sinistres esbats: & toute forcenee,
Luy rauir les ioyaux de sa teste atournee:
Me plaindre, l'amanter & crier deuant tous,
A moy seule est la foy de se pariure espoux:
Les Dieux m'en sont tesmoings, qu'au besoin ie reclame
Comme tu faisois lors que d'eternelle flame
Tu souhaitois brusler, plustost qu'autre que moy,
Par les loix d'vn Hymen fust coniointe auecq' toy.

Helas mon pere cher dont i'ay prouoqué l'ire,
Tu dois bien à ce coup de mes mal-heurs te rire:
Tu dois bien maintenant maudire la saison,
L'an, le moys, & le iour, la Terre, & la maison,
Où ce desloyal homme au monde prit naissance:
Et ce qui nous feit oncq auoir sa cognoissance.

Et vous nobles voisins qu'en l'auril de mes ans,
J'ay veu pour m'espouser ardamment poursuiuans:
Ne pleurez plus de moy, mais riez à ceste heure,
De me voir sans parens, sans amis, sans demeure,
Pauure, nue, exilee, & contrainte d'auoir,

Y ij

### LIVRE TROISIEME

Toute mon esperance au cruel desespoir.
Car helas i'ay dompté les Taureaux indomptables,
J'ay charmé des Serpens les yeux espouuentables,
Mais ie n'ay ore charmé, & n'en puis inuenter,
Qui peust du fier Iazon le courage dompter.
 Moy qui ay iadis sceu le feu celeste esteindre,
A descendre icy bas les Dieux mesmes contraindre,
Arracher les flambeaux de ce grand vniuers,
Attirer les esprits du profond des enfers,
Resusciter les morts, & la palle vieillesse
Raieunir, & garder la force & la ieunesse:
Forcer le cours des ans, empesché les ruisseaux,
De rouler en la Mer la course de leurs eaux:
Despartir à mon vueil des combats la victoire,
Bref mille & mille effects que l'on ne sçauroit croire,
Je les ay entrepris, & parfaits par mon art.
Mais ie ne puis guarir la pointure du dart,
Dont le fer veneneux me bleçant iusqu'en l'ame,
Laissa dedans la playe vn souffre qui l'enflame.
 Tristes me sont les iours, & ameres les nuicts:
Pleurs, plaintes, & sanglots, tesmoings de mes ennuis,
M'accompagnet par tout: & voy que mon art mesme,
Est plus propre à autruy que non pas à moy mesme.
Car i'ay contraint par luy le Dragon à dormir,
Et moy pour tout repos ie ne fais que gemir.
 Mais est ce sans raison qu'en larmes ie me plonge,
Quand vne concubine en ma ma place s'alonge,
Et te tient dans mon lict de ses bras enlassez:
Cependant que i'estens tous mes membres lassez,
Çà & là sur la Terre, où seule & delaissee,
            Je voy

Je voy cueillir les fruicts de ma peine passee.
  Et qui pis est i'ay peur qu'en prenant ton repos,
Tu luy dies de moy mille outrageux propos:
Et que d'vn mesme accord, & d'vne fausse bouche,
Tu ailles racontant les plaisirs qu'en la couche,
Follastres nous cueillions: lors qu'encore ta foy,
N'auoit tasché d'enfraindre vne si sainte loy.
Et ore affin que mieux l'vn à l'autre se plaise,
De mon bannissement vous causiez à vostre ayse.
  Mais di luy qu'elle en rie, & qu'elle en rie encor,
Sous ses riches atours, sous sa couronne d'or:
Qu'elle prenne sa ioye en ma peine enduree.
Car i'espere qu'vn iour à voix desmesuree,
Compagne des tourmens mes mal-heurs gemira,
Et dans soy autre feu que d'amour sentira:
Car par fer, & par feu, & par venins, vengee,
Je me verray de ceux qui m'auront outragee.
  Mais si lon peut flechir ton courage endurcy,
Reçoy mes humbles vœux, & me prens à mercy:
Humble ie te suis or, tu l'as bien peu cognoistre,
Mais plus humble enuers moy iadis tu soulois estre:
Et ne craindray pour voir la concorde entre nous,
Humble me prosterner à tes pieds à genous.
  Sinon voy ces enfans qu'ore ie te presente,
Desquels tu és seul pere & moy mere dolente:
Crains que les fiers Lions se remplissent le flanc,
D'eux qui sont ta chair propre & tes os & ton sang.
Et ne souffres encor les tourmenter & battre,
Quand ils seront és mains de leur ieune marastre.
  Or ie t'adiure donc par la ieune beauté,

Y iij

## LIVRE TROISIEME

De ces tendres enfans, & par ma loyauté:
Que ton cueur se fleschisse, & d'vne amour esgalle,
Tu me rendes la part que la loy coniugalle,
Me donna de ton lict:(pour qui i'abandonnay,
Ma Terre & mes parens) quand à toy me donnay.

 Ie ne te veux prier en ceste humble requeste,
D'aller tenter l'effort de quelque autre conqueste,
Ny la fierté des flots: mais ie veux seulement,
Recueillir auecq' toy le doux contentement,
Et les felicitez dont lors i'estois suiuie,
Que tu mis en mes mains ta fortune & ta vie.

 Et si tu demandois ou le douaire, ou le bien,
Que i'apportay chez toy: las ne sçais tu pas bien,
Que dans le champ de Mars alors nous le contasmes,
Que les mortels dangers par mon sort surmontasmes.
Et que tu ne voulois autre douaire, ou tresor,
De moy: fors emporter l'vnique toison d'or.
Et mon douaire esperé auant qu'aller en Grece,
Estoit d'vser chez toy doulcement ma ieunesse.
Compagne de ton heur: & te voir braue, & fort,
Triompher de l'honneur, de la Parque, & du sort.

 Mais ie veux que le bien soumis à ton vsage,
Mes labeurs & le temps de mon fleurissant âge,
Me soient or recogneus: & que de moy tu tiens,
Les grãdeurs & les biens qu'en grandeur tu maintiens.
Ou bien si desdaigneux tu n'en as cognoissance,
Tu sentiras les traits d'vne iuste vengeance:
Car de rien ne me sert les grands Dieux irriter,
Ny moins te menacer à te deseriter.
De rien de rien ne sert l'arogante menace,

A ceux

A ceux qui ont le cueur de rocher ou de glace.
Donque desesperee à iamais ie suiuray,
Mon courroux contre toy autant que ie viuray:
Et laschant à ton dam ma fureur violente,
Tel sera ton mal-heur que i'en seray dolente.
Car ie ne puis auoir & ne veux reconfort,
Sinon en la vengeance, ou en la prompte mort.

## ENCHANTEMENS AV
### SIEVR DE BEAV-IOYEVX.

Our d'vn blasme eternel charger
mon inhumaine,
Ie me veux rēdre serf d'vne eter-
nelle peine:
Et pour vaincre son ire & mon
Astre fatal,
Ie veux or' esprouuer & le bien & le mal.
Ie veux prier les Dieux, & pour m'estre propices,
Ie les veux honorer de vœux & sacrifices:
Peignant leur nom sacré sur le front de mes vers.
Et pour à mon besoing recourir aux enfers,
Ie veux prier Pluton: & plus cruel encore,
Ie me veux rēdre Turch, ou Iuif, ou Scythe, ou More:
Ainsi pour me venger des deux ie m'ayderay.
Et si ce n'est assez ie me transformeray,
En Loup, en Ours, en Tigre, en Lyon, en Panthere:
Et d'ongles, & de dents, tout bouillant de cholere,

LIVRE TROISIÈME
Je l'espouuenteray: luy imprimant la peur,
Dessus son front superbe, & le regret au cueur.
 Mais si cela ne sert qu'à la rendre plus fiere,
Je veux tost retourner à ma forme premiere:
Me faisant frere, ou Moyne, ou Hermite des bois,
Pour m'oster hors du ioug de ses iniustes Loix.
 Si ie suis Cordelier, i'iray parmy la presse,
Prescher la cruauté, le desdaing, la rudesse,
D'vne qui ne se plaist qu'à nourrir mes douleurs:
Faignāt d'estre sans yeux, & sourde en mes malheurs.
Bien que ie sois contraint par ses flammes iumelles,
De publier qu'elle est la plus belle des belles,
Et que ce sont ses yeux qui nous donnent le iour:
Mais ie diray qu'elle est rebelle encontre amour.
 Et si ie me fais Moyne outré de violence,
J'armeray tous les saincts contre elle à ma vengeance:
Et par celle qui tient les fouldres dans le Ciel,
Je feray radoucir l'aspre aigreur de son fiel.
Ou affin qu'elle sente à quoy elle est suiette,
Ie luy feray tirer mainte dure sagette,
Par sainct Sebastien, & sainct Anthoine aussi,
Rechauffera son sein de glaçons endurcy.
 Et si outre ces deux l'ire me precipite,
Tant que ie sois forcé de m'aller rendre Hermite:
Auecq' l'eternel pleur, & les souspirs ardans,
Ie matteray mon corps & dehors & dedans.
Tellement qu'à la fin mes miseres iournalles,
Induiront à pitié les ames infernalles.
 Puis si l'ardant destin s'obstine contre moy:
Comme vn vieil pelerin que l'outrageuse loy,

D'vn

D'vn seuere tyran faict errer par le monde:
Je courray çà & là sur la terre & sur l'onde,
Compaignon des souspirs, des pleurs, & des sanglots:
Portant la glace au sein, & le feu dans les os.
Fuyant les lieux aymez, le repos, & le somme,
Sans cesse racontant le feu qui me consomme,
Et sans cesse louant la grace & les beautez,
De celle qui me paist de mille cruautez.
Sans cesse adorant l'œil & la diuine face,
Que ie ne puis haïr pour chose que ie face:
Car plus elle me hayt, me mesprise, & me fuit,
Plus pour elle mon cueur se renflame, & destruict.
    Et si le changement du lieu de ma naissance,
Si des païs loingtains la rude cognoissance,
Si les barbares mœurs des peuples estrangers,
Si les fiers animaux, si tant d'autres dangers,
Qui souuent en errant nous desrobent la vie:
Et mille & mille maux, dont la vie est suiuie,
Ne peuuent quelque peu mon ardeur alenter:
Ou que le Ciel se plaise à me veoir tourmenter.
J'iray par les Citez, çà & là pour m'esbatre,
Et comme vn Charlatan autour de son Theatre,
Amasse tout vn peuple: ainsi plein de langueur,
J'accorderay ma Lyre, & diray la rigueur,
D'vne belle rebelle, en qui seulle mon ame,
Se nourrit & destruit, se renglace & r'enflame:
D'vne qui pres de moy me rend tout langoureux,
Et qui fuyant de moy me rend tout amoureux.
Ainsi doncq' ie diray ce qui me desespere,
Monstrant naïfuement aux amans la vipere,

                              Z

Qui me ronge le cueur, & me succe le sang,
Me soufflant (à mon dam) son venin dans le flanc.
Ordonnant pour recepte à qui aime sa vie,
Ne s'approcher iamais de ma fiere ennemie.
 Neantmoins s'il aduient qu'elle escoute mes cris,
Par mes signes piteux & mes tristes escrits
I'espere de fleschir sa folle outrecuidance:
Ou bien tous mes desseings n'auront nulle puissance.
 Mais si mon amour pure & mon candide feu,
Sont encor' mesprisez: deuenant peu à peu,
Horrible, furieux, & cherchant la vengeance,
Ie feray preuue enfin de l'art de Negromance.
 Ie feray penitence, & me confesseray
De mes pechez commis, ie me substanteray,
De pain bis, & eau pure: & sans aucune ioye,
L'œil en pleurs, i'erreray par vne obscure voye,
Durant neuf iours entiers: lesquels paracheuez,
Auecq' la langue lasse, & les yeulx aggrauez,
Nud ie m'iray baigner dans les viues fontaines,
Criant pitié, pitié, mon cueur brusle & mes veines.
 Puis auecq' les cheueux horriblement dressez,
La barbe rebussée, & les sourcils froncez,
Le front palement sombre & la voix effroyable:
D'escailles tout couuert, farouche, espouuentable,
Tenãt vn liure au poin de peaux d'enfans morts-nez:
Ayant la teste nu, & les deux bras aornez,
De chappeaux de Peruanche: allumãt vn vieil cierge,
I'iray chercher de nuict la cire pure & vierge:
Pour en faire vne image où sera le portraict,
De celle qui mon cueur a hors de moy soustraict.

            Puis

Puis il faut que i'en face vne qui me ressemble,
Pour les mesmes effects: & les ioignant ensemble,
De cent mille esguillons ie les transperceray.
    Lors seul auecq' vn chien loing ie m'escarteray,
En quelque lieu recoy, esloigné de demeures:
D'où ie ne puisse aumoins ouïr sonner les heures.
Et là tenant l'image à costé d'vn grand feu,
Je la consacreray: luy picquant peu à peu
Le cueur, en appellant du Ciel & de la Terre,
Les esprits qui pourront m'aider en ceste guerre.
    Quand Phœbus entrera au signe des iumeaulx,
Et la Lune au Cancer: i'iray puiser les eaux,
Où la vipere meurt quand son fiel la transporte.
J'escriray noz deux noms en mainte estrange sorte,
Sur la fleur des Panots: du sang de l'animal,
Qui plus hayt le Soleil: & qui tout infernal,
Se loge dans l'obscur des cauernes fermees.
Et mettant tout autour des lumieres charmees,
Inuocant les esprits de noz peres deffuncts,
De Thim, d'Ambre, & d'Aloes ie feray mes parfums.
    Mais affin que l'orgueil des esprits ne m'offence,
Et pour mieux refrener leur libre violence,
J'iray sur vn haut mont: & feray d'vn cousteau,
En l'honneur de Pluton vn grand cerne au couppeau.
C'est d'vn cousteau forgé aux forges infernalles,
Consacré, & trempé dans les eaux auernalles:
Emmanché de Cypres, & de rechef mouillé,
Dedans le sang d'vn oye: & non encor' souillé,
D'aucun sang de victime: ains pour force eternelle,
Plongé vingt & huict fois en suc de Pimprenelle.

Z ij

## LIVRE TROISIEME

Dans le cerne acheué vers l'Orient tourné,
De branches de Cypres, & de Myrthe entourné:
Je sonneray trois fois à la façon antique,
Vne cloche d'argent faicte par art magique.
 Puis deuers l'Occident ie me retourneray,
Puis deuers le Midy: & bref ie sonneray,
Aux quatre parts du monde: affin que la cohorte,
Hors des vieux monuments à ma priere sorte.
 Lors voyant l'air serein, & cognoissant le iour,
Propre aux enchâtemens: plein de crainte & d'amour,
A genoux, l'œil au Ciel, ie feray ma priere,
Me souuenant tousiours de ma belle meurtriere:
Belle helas, mais trop aspre en mon cruel tourment,
Puis qu'à la fin ie meurs pour elle iniustement.
 Et faisant de mes yeux deux sources perannelles,
J'inuoqueray le Roy des horreurs eternelles.
J'inuoqueray Venus, & Cupidon aussi.
La Lune, & le Soleil: puis ie diray ainsi.
 DAIMONS qui regissez de la voute azuree:
Et des astres errants, la course mesuree.
Belzebuth, Astarot, Asmodelle, Cyrat,
Mamone, Zuriel, Asmode, Elacyrat,
Melabranche, Sathan, Pharfarel, Melabere,
Libicoq, Rubicant, Draguimel & Cerbere.
Vous mõstrez Serpents-pieds & vous Dyres d'Enfer,
Nemesis ayme sang, Ennyon ayme fer.
Vous sœurs Serpents-cheueux, Dymarche, Sphinge,
Petrinace, Mellame, Esterliphocq, Rhemice, (Brice,
Bure, Tarlagadan, Belfagor, Melatel,
Qui attisez le feu dans le fourneau mortel:

           Toy

Toy Charon passe-fleuue, & toy Royne propice,
Hecate au triple front venez au sacrifice:
Amenez les fureurs & tout cela qui suit,
Pluton, Mynos, Sathan, le Silence, & la nuict.
 J'en inuoqueray mille & mille autres encore,
Pour esteindre l'ardeur du feu qui me deuore
Et par le sang versé aux magiques secrets,
(Dans l'auernal gosier) tesmoing de mes regrets,
Et par l'art esprouué du vieillard Zoroastre:
J'espere de dompter & madame & son astre,
En mon mal coniuré: si qu'apres maint tourment,
Elle me deuiendra doulce eternellement.
Soit qu'elle monte au Ciel ou descende en l'Auerne,
Premier que les Daimons quittent mon sacré cerne.
 L'imprecation faite humble i'arracheray.
Vn Drageon de Laurier, lequel i'attacheray,
A l'arbre au pied d'argent & la cime dorée:
Plongé dedans l'eau saincte ou dans l'huille honorée,
Dont l'on sacre les Roys, puis dessus vn tombeau,
D'vne plume de Cygne & du sang de Corbeau,
Inuoquant le beau nom qu'en me taisant i'honore,
Ie l'escriray trois fois en fueilles d'Ellebore,
En apres ie prendray pour acheuer mon sort,
Et la barbe & le tays d'vne teste de mort,
Pour seruir d'esperges, & garder l'eau charmee.
I'enfenseray l'autel d'odorante fumee,
Ie couuriray mon corps d'vn long habit de dueil,
I'auray autour de moy vn drap & vn cercueil:
Tenant de l'vne main la consacree image,
 De l'autre le cousteau: & pour luy faire outrage,

Z iij

## LIVRE TROISIEME

L'approcheray du feu : ores frappant le corps,
Ores picquant le cueur ore grauant dehors,
Mille coups punisseurs : ie diray, ô rebelle,
Qu'il te vienne ore pitié de ma peine cruelle :
Auant qu'vn plus grief sort i'espreuue encontre toy.
Et si pour tout cela elle ne vient vers moy,
Le sein tout enfondu de deux ruisseaux de larmes :
Je recommenceray d'autres plus aspres charmes.

 Ie prẽdray d'vn Pigeon le cueur tremblãt & chault,
L'areste d'vne Escare, & le fiel d'vn Crapault :
Les œufs d'vne Colombe, ou d'vne Torterelle
La langue d'vn Moyneau, l'oreille, la ceruelle
Et les yeulx d'vn Coqu : Les plumes d'vn Hiboux,
Et l'oiseau qui preuoit le celeste courroux.
D'vn Scorpion la queuë, & la peau my-mangee
D'vn Castor : & le cueur d'vne Louue enragee.
La langue du Picuert, & l'œil d'vn Loriol.
Puis apres d'vn pendu ie prendray le licol,
Le voille d'vne vefue amante non aimee,
Qui d'vn ardant Martel & de rage animee,
S'efforce d'empescher les plus ieunes d'aimer.
Et d'vne vieille aussi qu'amour vient rallumer,
J'arracheray trois dents : & feray de poussiere,
Trois pastons, y meslant trois poils qu'vne sorciere
Tire de l'estomac d'vne pucelle, alors
Qu'vn esprit furieux luy agite le corps.

 Puis ie prendray le suc de Viole, & Veruene
Auecq' l'Aconit noir, & la main gauche pleine
De la Valerienne, & de Myrthes nouueaux.
D'vn Cygne & d'vn Corbeau ie prẽdray les boyaux,
L'œil

L'œil, l'oreille, & les pieds d'vne ieune Panthere.
Les poulmons d'vn Ceruier & d'vne Ource cholere
Le sourcil herissé: & l'apostume qu'ont
Les poulains en naissant sur la quarre du front.
 Puis la creste, les pieds, & le bec d'vne Puppe,
Les deux yeux d'vne Taulpe, & le fiel d'vne Huppe:
Les yeux d'vn Basilic, & la peau d'vn Dragon,
La fleur de la fougere & celle du stragon.
Des fueilles de Cypres, de Myrthe, & de Peruanche.
Trois œufs freschement faits d'vne geline blanche.
Les Serres d'vn Griffon, du sang d'vn vieil Bouc noir.
L'excrement du Serpent qu'au tenebreux manoir,
Pres du Lac Auernal vne Sybille anticque,
A longuement nourry de Nappelle & d'antisque.
Du front d'vn Pellican ie tyreray le sang.
I'auray le noir venin que l'Aspic porte au flanc
Et du Tygre vollant qui portoit Atalante,
I'auray les ongles durs: & de l'Hydre naissante,
La plus superbe teste. or pour tout mettre à chef,
Les septante sept poils i'arracheray du chef,
Que par faueur diuine vne pucelle vtile
Couppa pour se sauuer & deliurer sa ville.
 I'allumeray mon feu & le tout amassé,
Meslant du miel sauuage auecq' pois compassé.
I'en poistriray vn pain plain d'huilles odorantes,
Lequel ie ietteray dans les flames ardantes:
M'escriant, ô rebelle, vn tardif consentir,
Te rende or' pour loyer vn cruel repentir.
Ie viuray par ma mort ayant esté fidelle,
Et tu mourras viuante ayant esté cruelle.

LIVRE TROISIEME

*Ainsi doncques au Ciel en Terre & aux Enfers,*
*Mon tourment se sçaura: tant que par l'vniuers,*
*Les peuples aduertis de sa caute malice:*
*La pourront iustement accuser d'iniustice.*
   *Et peult estre que lors telle aura dedans soy*
*Vn extreme regret qui se mocquant de moy,*
*Escoutoye mes clameurs: si bien que dans ma flame*
*Heureux ie brusleray, & de l'eternel blasme*
*Qu'elle aura du Ciel mesme, elle resentira,*
*Vn importun remors & mes maux gemira.*
   *Si ie meurs pour l'aimer c'est vne vie heureuse.*
*S'elle vit apres moy c'est vne mort honteuse.*
*Car digne de pitié i'auray assez d'honneur,*
*Qu'on die que si haut i'aye esleué mon cueur.*


## LA IALOVSIE DE CANDIE.

### A TELIE.

*Es grandeurs d'Alexãdre en ce lieu ie ne chante,*
*Ny les ieus coturnez d'vne scene sanglante:*
*N'y l'horrible creuasse où ce Curce Romain,*
*Fut courageusement contre soy inhumain.*
*Ie ne dy la fureur qu'esprouua la Colchide,*
*Detestant le courroux du pariure Æsonide.*

                                        *Ny les*

Ny les plaintes que font les Alcioniens,
Ny la mort du mignon de Pandioniens.
Mais en ces tristes vers ie veux or faire entendre,
Le mal-heur auenu au desastré Pistandre,
Fils d'vn Consul Romain: dont la ieune verdeur,
Se bastissoit desia vn amas de grandeur.
Quand l'outrageux martel qu'on nomme ialousie,
Bourrelle des humains: desarma Canidie
De sa propre raison: & la feit deuenir,
Telle que les Dieux ont horreur de la punir.
 Or Canidie estoit vne dame Romaine,
Laquelle à son mal-heur trop tost se feit certaine,
Que son mary espris d'vne nouuelle amour:
La laissant seulle au lict s'arrestoit au seiour:
De quelque Courtisane: & que desia son ame,
Se laissoit posseder d'vne impudique flame.
Luy dressa mille apas, & ore luy dardant,
Mille amoureux regards: tasche en le mignardant,
A esteindre ce feu, mais sa raison ia prise,
Des charmes precedens rompoit son entreprise.
 Sentant donc croistre en soy ceste premiere ardeur,
Sa passience outree enfin deuint fureur:
Et changeant son visage elle prenoit l'audace,
De ioindre à la priere vne rude menace.
Brief elle n'eut iamais pouuoir de l'empescher,
Ny de le rendre espris non plus qu'vn dur rocher.
 Elle ne dort les nuicts, ains en soy se propose,
Soit de bien soit de mal desprouuer toute chose.
Elle alloit à l'oracle. & sotte qu'elle estoit:
Rien sinon son mal-heur iamais n'en rapportoit.

A a

## LIVRE TROISIEME

Plus elle va cherchant (plus son mal s'enracine,
Elle croit tout sçauoir:) mais non la medecine,
Dont on vse auiourd'huy, & pense follement,
Qu'elle peut le dompter par quelque enchantement.
Elle fuit aux desers, elle erre, elle estudie,
Et pendant qu'en ses os s'encre la maladie:
Elle est deux ou trois moys serue d'vne langueur,
Puis soudain se resoult d'vser de la rigueur.
Et comme la ieunesse est facile à surprendre,
Elle vint deceuoir l'infortuné Pistandre:
D'vne feinte caresse engendrant vn desir,
Pour cruelle aussi tost en faire à son plaisir.
 Au moys que le bel œil qui obliquement tourne
Ce grand cercle parfait, chez les iumeaux seiourne:
Au poinct que ses rayons par son cours paruenus,
Estoient entre les bras de la belle Venus.
Brullante elle se leue, & court toute pensiue,
Tant qu'au lict de Pistandre auant iour elle arriue:
Où l'ayant aleché de mille beaux propos,
(Masques du soing cruel qui luy ronge les os,)
Le chatouille, l'embrasse, & le baise, & l'attire,
Et l'estreignant plus fort traistressement souspire.
Luy (pauure) qui pensoit que l'amoureux brandon,
L'eust rendue à bon droit serue de Cupidon,
S'efforce de luy plaire: & luy dit que sa vie,
N'auoit iamais esté fors qu'à elle asseruie:
Mais qu'il benissoit l'an & le moys, & le iour,
Que ses yeux languissants l'auoient comblé d'amour.
 Voila voila le but que la folle incensee,
En blandissant couuoit au fonds de sa pensee.

Car

### DIVERS POEMES.

Car elle ne partit qu'il ne fust incité,
D'aller voir sa maison derriere la Cité,
Au pied du prochain mont: ou à leures descloses,
Deuoient cueillir d'amour les œillets & les roses.
Il consent dont apres (ô triste consentir)
N'eut sinon pour se plaindre vn tardif repentir.

 Tout le iour escoulé quand le Dieu qui allonge
Ses tresses dessus nous, chez sa tente se plonge:
Et nostre Ciel deppit d'esloingner ce flambeau,
Se cache tout le front d'vn étoillé bandeau.
La Tigresse inhumaine appella sa compagne,
Pour conduire Pistandre au fest de la montagne:
Où estoit l'appareil de son prochain mal-heur.
Mais las si tost qu'il veit qu'vne perse couleur,
Vermissoit ia le front de sa fiere ennemye:
Approchant de l'autel, de son mal se deffie.
Frissonnant, à part soy faisoit mille discours,
Jusqu'à ce que la Louue eschangeant ses amours,
A l'ardante fureur: Luy accabla la teste,
De mille coups suiuis: comme quand la tempeste,
Bat le chef d'vn rocher: ou quand les Aquillons:
Reuoutent les espics sur les courbes cillons.

 Alors droit vers les Cieux adressa sa priere,
Et pleurant tendrement dit en ceste maniere.

 Quiconque soit des Dieux qui seul regit les Cieux,
Les Eaux, la Terre, & l'Air: si d'vn clin de tes yeux,
Tu vois le contretour de ce globe qui tourne,
D'vn continuel cours: & iamais ne seiourne.
Si c'est toy qui depars bien & mal aux humains,
Si le foudre allumé s'amortit dans tes mains,

A a ij

## LIVRE TROISIEME

*Et si de tous mortels tu reçois la priere:*
*Voy grand Dieu, voy l'erreur d'vne horrible meur-*
*Qui baniſſant ſes ſens me preſente au treſpas,* (triere,
*Et force mon mal-heur de tallonner mes pas.*
*O toy qui m'as tiré à ma triſte naiſſance,*
*Hors du flanc maternel: i'inuoque ta puiſſance*
*Secourable Lucine. & vous feux étoillez,*
*Qui redorez les Cieux de tenebres voellez:*
*Vous auſſi des foreſts la Deeſſe ſacree,*
*Par l'honneur que i'ay eu de la robbe pourpree,*
*Par ma iuſte innocence, & par l'aſpre courroux*
*De ce grand Iupiter ie vous reclame tous.*
*Pour m'oſter hors des mains de ces fieres furies,*
*Qui exercent ſur moy mille bourrelleries,*
*Et qui de cent regard, nagardement lancez,*
*Me rendent les poulmons d'outre en outre percez.*
 *Mais comme la douleur rend la plainte plus molle,*
*Sa voix à gros hoquets luy rompoit la parolle.*
*Comme on voit vn flambeau ia long temps allumé,*
*Par le feu peu à peu iuſqu'au bout conſommé,*
*De la cire qui reſte au fons toute bruſlante:*
*La flame ſ'alentit, puis à coup violente,*
*S'eſlance, & peu à peu ſ'eſuanouit par l'air.*
*Ainſi l'aigre douleur retardoit ſon parler,*
*Qui euſt peu amolir les plus durs cueurs de Thrace.*
 *Lors la cruelle main l'empoigne, le terraſſe,*
*Le deſchire, le frappe, & l'ayant à ſon vueil,*
*Ne luy permet aumoins de ſouſpirer ſon dueil.*
*Le voyant donc paſmé immobile, en extaze,*
*Le poil de toutes parts haſtiuement luy raze,*

Et

Et pour mieux esprouuer les magiques efforts,
Se herissant le chef de viperes retorts,
Couroit deçà delà comme si cent Megeres,
Desploient leurs fureurs sur les ombres legeres.
Ses yeux estinceloient, son gosier qui ardoit,
Mille pointes de feu sur sa face dardoit.
Son visage plombé, sa poitrine ternie
S'enflant à gros bouillons vomissoit sa manye:
Et d'vne austere voix murmurant fait vn bruit.
Puis laissant là le corps allegrement s'enfuit,
Derriere vn vieil sepulcre, où à grands coups de hache,
Elle fend en quartiers les figuiers qu'elle arrache.
Elle prend vne Rene & luy ouure le flanc,
Elle en tire les œufs & baigne dans le sang
Les plumes d'vn Hiboux, ioinctes en ceste sorte,
Aux herbes que Colchos ou Lyberie apporte,
Fertilles en venins. Puis grommelant ses mots,
D'vne chienne enragee elle arrache les os:
Et suiuant iusqu'au bout sa cruauté auide,
Les consomme à loisir d'vne flame Colchide.

 L'effroyable Sagane entre ses coulleureaux,
Espanche sur le feu les Auernalles eaux.
Ses cheueux redressez en mainte & mainte trasse,
Comme on voit vn sanglier qu'vn grand dogue pour-
Sans pitié, sans remors, tesmoignant q̃ ses sens: (chasse.
Estoient entierement de leur seiour absens.

 D'vn pic bien aceré: vne fosse assez basse,
Elle creuse: & d'ahan, sur sa poudreuse face,
Mainte trasse suante vndoyant s'escouloit.
Et comme le figuier du victime brusloit,

A iiij

## LIVRE TROISIEME

Le triste infortuné qui demy-mort sommeille,
Rassemblant ses esprits en gemissant s'esueille:
Et s'estonnant d'ouïr ce grand bruit tout autour,
Il apperçoit l'aprest de son dernier seiour.
Et redressant aux Cieux & les mains & la veuë:
  Faut-il, dit-il, grands-dieux que ma mort soit con-
Sons vne trahison. Ah pourquoy fus-ie né,  (ceuë
Pour à si triste fin me voir predestiné.
La mort plus que la vie ore m'est aggreable,
Puis que la deité s'est rendue implacable.
  Mais ie te maudiray, (ame de Calipson,)
D'vn si abominable & cruel maudisson,
Que les Dieux infernaux ne feront nulle estime,
Ny de tes hurlemens, ny d'aucune victime.
Et quand ie seray mort, & que le vieil Charon,
M'aura fait trauerser le bourbeux Acheron:
Ie reuiendray vers toy, & mes fureurs nocturnes,
Te feront detester mes cendres & les vrnes,
Où tu m'auras enclos: car d'vne extreme peur,
Ie glaceray tes os & ton sang & ton cueur.
Mon ombre apparoissant comme vn spectre vollage,
De forts ongles pointus te poindra le visage.
Les peuples irritez pour venger ce meschef,
De mille & mille coups t'accableront le chef.
De loups & de Corbeaux vne inhumaine bande,
De tes membres meurtris esliront leur viande.
Mes parens encor vifs ignorant mon mal-heur,
Courront pour s'enquerir d'ou viendra ta douleur.
Et lors que mille mains t'auront raui la vie,
Tu sentiras là bas vne peine infinie.

La

### DIVERS POEMES. 96

*La cruelle acharnee en voellant sa raison,*
*N'a soucy de ses pleurs ny de son oraison.*
*Ains renflant son gros fiel d'ouïr ceste menace,*
*Luy bande d'vn linceiul & la teste & la face:*
*Le garrotte, le leue, & luy cache le corps,*
*Dans le trou preparé: laissant seulement hors,*
*Ainsi que le nageur qui se pend dedans l'onde:*
*Le chef ia despouillé de sa perruque blonde.*

   *Deux ou trois iours entiers attendant le trespas,*
*Le chetif abusé viuoit ne viuant pas:*
*Car l'homme desirant cela qu'on luy denie,*
*Escoule en l'anguissant sa miserable vie.*

   *Aussi tost que ses yeux longuement attachez*
*Sur les viures prochains, deuinrent tous seichez:*
*Et que le cueur pressé des angoisseuses peines,*
*Desrobba lentement l'humidité des veines:*
*Le chef vaincu se baisse aggraué de douleur,*
*Et du corps peu à peu s'enuolle la chaleur.*

   *Canidie approchant de la charongne morte,*
*En mots Tessaliens s'escrie en ceste sorte.*

   *Or, que tout est bruni en ces terrestres lieux,*
*Que les yeux sont charmez d'vn repos ocieux:*
*Nymphes qui seiournez dans les plaines humides,*
*Nymphes de ces desers, errantes Eumenides,*
*Vous Titans cauerneux, & vous palles fureurs,*
*Qui espouuantez l'air de voz noires terreurs:*
*Toy souueraine Hecate en qui plus fort ie fie,*
*Quiconque par l'obscur comme moy sacrifie.*
*Vous Daimons consacrez qui habitez aux Cieux,*
*Vous Daimons incensez hostes de ces bas lieux,*

LIVRE TROISIEME

Et vous vents enserrez dans l'obscure caverne.
Ie vous coniure tous par la noirceur d'Auerne,
Par le fleuue de Stix, par l'orage fatal,
Qui renaist chacun iour au manoir infernal:
Par le chef de Pluton, par sa forte Fucine,
Dont il charma les eaux pour rauir Proserpine.
Venez, venez, vers moy, qu'il ne reste fureur,
Effroy, ire, desdain, ny terreur, ny horreur,
Qui ne soit en ce lieu, & ce qui fut propice,
A Circe ou à Medee accoure au sacrifice.
Qu'on tesmoigne auiourd'huy que leurs sorts anciens,
Ne doiuent desormais estre esgallez aux miens.

   Acheuant elle meit l'oreille contre terre,
Et soudain dans le Ciel le foudroyant tonnerre,
Deçà delà roulant, faisoit étinceler,
Mille brillans esclairs par le vuide de l'air.
Qui du Ciel, qui d'enfer, chacun se trouue ensemble,
Se chocquent, & sous eux toute la roche tremble:
Le feu fendant les Cieux, esclaircissoit la nuict.
Puis lors que peu à peu se calma tout le bruit,
La folle enchanteresse en bondissant s'auance:
Et le parfum charmé en telle ordre commence.

   Hors la fosse beante, elle arrache le corps,
Desseiché par la faim & dedans & dehors,
Fors que le sang: ia froit qui se glaceant ondoye.
Luy incise le flanc, en arrache le foye,
Et le cueur tout meurtry des assauts furieux:
De l'indoutable mort. luy arrache des yeux
Auidement fletris, l'vne & l'autre prunelle.
Elle brise ses os, en tire la moëlle:

                                    Puis

*Puis dessus son autel pres du feu allumé,*
*Les met en vn monceau: & d'vn cousteau charmé,*
*La plume de hibou, & les œufs de grenouille,*
*Destranche ensemblement. Lors elle s'agenouille,*
*Et rongeant vn grand ongle, & tordant ses cheueus,*
*De viperes rampans: s'escrie oyez mes vœus,*
*O vous qu'à mon secours à haute voix i'appelle.*

*Ie ne veux m'enrichir, ny me rendre immortelle:*
*Mais ie veux (me vengeant,) que vous tourniez sou-*
*La rage, le courroux, l'outrage & le desdain,* (dain
*Et tout ce que pouuez d'ardeur & de manie,*
*Sur le chef du Palais où est mon ennemie:*
*Celle qui me retient en adultere pris,*
*Mon pariure mary aux liens de Cypris,*
*Faittes que tout le monde en le monstrant s'en rie,*
*Que contre la meschante il se mette en furie,*
*Que ses parfums charmez n'ayent plus nul pouuoir,*
*Que ie puisse les nuicts entre mes bras l'auoir,*
*Qu'il brusle de m'aymer comme en l'aymant ie brusle,*
*Que l'autre brusle aussi d'vne flame d'Hercule.*
*Faut-il que la meschante en sçache plus que moy,*
*Faut-il que ses parfums aux miens donnent la Loy,*
*Pourquoy suis-ie suiette à vne enchanteresse,*
*Pourquoy ne sçay-ie aumoins la gomme vangeresse,*
*Que Medee sceut lors au besoing arranger:*
*Dessus le chef de Creuse affin de se venger.*
*Il va libre par tout: & encor il se vante,*
*Qu'elle est plus que nulle autre aux charmes excellēte.*
*Le meschant, l'impudent, l'indiscret, l'eshonté,*
*Il couche à son plaisir dans le lict emprunté,*

Bb

## LIVRE TROISIEME

Il confomme mon bien, & fouffre qu'en triſteſſe,
Languiſſant feule au lict i'eſcoule ma ieuneſſe.
 Pluſtoſt, pluſtoſt le Ciel de place changera
Teniſſant ſa beauté, & la Terre fera:
Lancee par deſſus: que ſa ieuneſſe folle,
Ne bruſle en mon amour ainſi qu'au feu la colle.
 Deſia loing de Tithon l'aurore apporte-iour,
Faiſoit parmy les Cieux ſon ordinaire tour:
Et du mont porte-ciel auoit ouuert la porte.
Quand auec vn grand bruit, l'effroyable cohorte,
Chacun à part s'enfuit: & l'vnguent acheué,
La foſſe eſt recomblee: & l'autel eſleué
Ainſi qu'elle depart comme d'vn trait de foudre,
Luy donnant des deux pieds l'enuoya tout en foudre.
 Or ſçachez donc qu'amour eſt vn deſtin fatal,
Que nous auons du Ciel pour le plus aigre mal:
Et que pour corriger l'erreur de noſtre vie,
Les Dieux ont pour tourment forgé la ialouſie:
Qui geſne noz eſprits, qui englace noz os,
Et trop cruellement nous priue du repos.
Bref quiconque à ce fleuue aura deſir de boire,
Qu'il croye qu'icy bas ſera ſon purgatoire.

ACHE-

## ACHERONTIDE
### A TELIE.

Ans le sombre manoir où les nuicts tenebreuses,
Tiennent les yeux cillez des ames mal-heureuses:
Suiuãt l'obscur sentier de ce gouffre Auernal,
Qui tourne obliquement dans le trosne infernal:
Faisant place au destin ie deuallay n'aguere.
Me rang-ant sous les loix de l'horrible Megere,
Dont les fouets fornouez ennemys du repos,
J'ay senti par trois fois imprimer sur mon doz.
Et de ses froides sœurs les mordantes tenailles,
Ont trois fois pinceté mes glaçantes entrailles.
   L'vmbre palle ie suis (ô tiltre mal-heureux,)
D'vn qui fut en viuant si fidelle amoureux:
Que le mesme Rogier qui chetif se lamente,
Au plus creux des enfers apres sa Bradamente
Ne l'a point esgallé: ny tous les Cytoyens,
Qui peuplent auiourd'huy les champs Thenariens.
   Où es tu maintenant, où es tu ma chere ame,
Où sont tes deux Soleils, dont la fatale flame,
Desseicha tout mon sang: où es tu mon flambeau,
Mon rets, mes rais, mes pleurs, mon trespas, mon tom-
Ma Pallas, ma Venus, ma Iunon, ma Dellie, (beau,
Mon sçauoir, ma beauté, ma chasteté, ma vie:
Mes douleurs, mes plaisirs, mon erreur, ma raison,
Mon ioug, ma liberté, mon repos, ma prison:

Bb ij

### LIVRE TROISIEME

Bref mon pis, & mon mieux: & ce qui ma poitrine
A souuent fait brusler d'vne flame diuine.
Où es tu maintenant, las helas où es tu,
Pour me voir sous les pieds du destin abbatu:
Pour me voir transformé en figure impalpable,
Tout deschiré, sanglant, hideux, palle, effroyable,
Obscur, sans voix, sans bouche, & contraint de voller,
Cà & là nuict & iour Athome parmy l'air.
Reduit (non au mal-heur de l'alteré Tantalle,
Car sa bruslante soif à ma soif n'est esgalle:)
Mais au mal renaissant que le vautour cruel,
Nourrit en deuorant le poulmon immortel.
 Dans le lieu où ie loge, vne trouppe sifflante,
De serpents & d'aspits d'vne cource glissante,
Me gallope sans fin: & poinçonnant mon flanc,
D'vne auide fureur s'enyure de mon sang.
 L'ardeur qui me desseiche est si fort violente,
Que pour nulle froideur tant soit peu ne s'alente:
Mesmes si dans les eaux ie veux chercher confort,
Mon feu s'en irritant me rebrusle plus fort.
Plus ie boy, plus i'ay soif: & tant plus fort ie mange,
La faim me va pressant d'vn desir plus estrange.
Plus il y a de feu dans mon fascheux manoir,
Plus l'obscur a de force & plus il y fait noir.
 Ie boy pour tout breuuage vne liqueur puante,
Qui coule lentement de la voute suante:
Et assouuis ma faim de ce mal-heureux fruit,
Qui malheureusement les amoureux destruit:
C'est la peine, & l'angoisse, auec ce que lon nomme,
Vn espoir mensonger qui nostre âge consomme.

Ie cours

## DIVERS POEMES.

Je cours deçà delà compagnon des Daimons,
Incubes, farfadets, Larues, Cacodaimons:
Criant & recriant forcené de furie,
Où est ceste beauté qui possede ma vie:
Et qui malgré l'effort des oublieuses eaux,
Se rengraue dans moy de cent mille Cizeaux.
Où est-ce beau-printemps, où est-ce gentil âge,
Où est-ce front hardy, & ce libre courage:
Où est, où est encor le riuage doré,
Et l'argentin canal de mon fleuue honoré.
Où sont tãt de beautez qu'au soir sous la nuict brune,
Follastrement saultant aux rayons de la Lune,
Je faisois esgarer sous le frais des buissons,
Pour escouter l'accent de mes douces chansons:
Où couchez sur le bort d'vne source escartee,
Bouche à bouche mourants nous passions la nuittee.
Où est ce doux recit & ces beaux vers chantez,
Dont souuent ie rendois noz soucis enchantez.

O moy trois fois heureux si les flames cruelles
De l'homicide amour, n'eussent dans mes moëlles,
Doublement rallumé la bourrelle chaleur,
Qui m'a priué du sens & de mon premier heur.
Me faisant retourner vers ma Parque meurtriere,
Celle qui ia tenoit ma raison prisonniere:
Et qui (ô fier destin) en irritant le Ciel,
Me feit (fol que i'estois) changer mon miel en fiel.

Apres mille trauaux, mille ennuis, mille peines,
Renaissans à l'enuy dans mes bouillantes veines.
Me despouiller de moy, cent fois le iour mourir:
Quitter ma liberté, pour me voir asseruir,

Bb iij

## LIVRE TROISIEME

Sous la fiere beauté d'vne dure maistresse,
Que souuent à mes vers i'ay fait nommer Deesse:
Tant qu'ore les forests ne resonnent sinon,
Ses diuines beautez mon amour & son nom.

    Apres deux ou trois ans qu'en l'amoureux seruage,
J'ay senti plus de feu de mal-heur & d'outrage,
Que n'eut Coresbe à Troye: estant plus incensé,
Pour la Chaste beauté dont il fut offencé.
Voire plus que celuy que Marie, & Cassandre,
Ont rendu immortel mettant son cueur en cendre.
Plus cent fois que celuy qui vestit sur son flanc,
La bruslante chemise empourpree de sang.
Plus que celuy qui court parmy l'ombre eternelle,
Criant & recriant Isabelle Isabelle.
Plus que ce braue Roy des noirs Getuliens,
Que la folle Didon tenoit en ses liens:
Et qui, (si le mal-heur ne l'eust tant asseruie,)
Eust conserué son bien, son honneur, & sa vie.
Bref trop plus mille foys que tous ceux où l'amour,
Pour monstrer ses efforts a basti son seiour.

    Apres m'estre banny las d'endurer sa guerre,
J'ay quittay mes parens, mes amys & ma terre.
Et pour dompter le feu (qui pour me consommer,
S'embrasoit dans mes os): ie montay sur la mer.
Où i'erray quelque temps aux rades incogneues,
Voyant le Ciel, & l'eau, & les roches chenues:
Fait le iouet des vents, qui par mille dangers,
Me feirent voisiner les païs estrangers.
Et où ce traistre amour enfiellant son courage,
Me dressa finement vn perilleux naufrage.

                                              La nuict

*La nuict charme-soucy se parsement de feus,*
*Alloit d'un voelle obscur brunir le front des Cieux:*
*Et l'oublieuse humeur dont s'abreuue le somme,*
*L'vne à l'autre attachoit les paupieres de l'homme.*
*Quand parmy l'Occean ardamment courroucé,*
*Je me vey pres d'vn roc par les vagues poussé.*
   *Ma nef sans gouuernail, sans mast, & sans cor-*
*Chanceloit çà & là au plaisir de l'orage.*    (dage,
*Ores le flot mutin de sa rage tout blanc,*
*Luy battoit importun & l'vn & l'autre flanc.*
*Puis la pointe du roc effondrant la Carenne,*
*Enueloppa ma nef sous la mouuante arenne.*
   *Qui çà qui là mi-morts erroient mes matelots,*
*Les vns de pieds, de mains, luictoient contre les flots,*
*Les autres grauissoient sur l'orgueilleuse teste,*
*Du rocher fremissant au choc de la tempeste,*
*Et moy plus mort que vif parmy les tourbillons,*
*J'entrecouppois la mer en infinis cillons:*
*D'vn bras, portant de l'autre & la plume, & le liure,*
*Qui malgré mon trespas me feront encor viure.*
*Liure helas, liure non, ains le papier iournal,*
*Où i'incerois l'erreur de mon tourment fatal.*
*Liure qui n'est remply que d'vn amas de plaintes,*
*Tres fidelle tesmoing des mortelles attaintes,*
*Dont amour m'a battu, dont il s'est fait vainqueur,*
*Lors qu'il a rembrassé & renglacé mon cueur.*
   *Or par le vueil des Dieux, de pied & de main cro-*
*Je me guide au couppeau de l'espineuse roche:*    (che,
*Où tout palle, tremblant, escumeux, & froissé,*
*Ensemble du trauail, & du sommeil pressé,*

Je fermay la paupiere:& soudain toy maistresse,
Helas toy non (ainçois) ton ombre tromperesse,
S'apparut à mes yeux: & d'vn cueur tout transi,
Sa bouche sur la mienne en pleurant, dit ainsi.
 Mon tout, ma chere vie, escoute ie te prie,
Escoute moy mon tout, escoute moy ma vie:
Si durant quelque temps mon cueur c'est endurcy,
Si lors qu'à iointes mains tu m'as crié mercy,
I'ay aueuglé mes yeux, ou d'vne expresse feinte,
Trop finement bouché mon oreille à ta plainte:
Pardonne moy mon tout, mon tout pardonne moy:
Ie veux or m'asseruir sous l'amoureuse loy,
Et iamais l'amitié dont ie paistray ma vie,
Ne sera d'autre amour que la tienne asseruie.
Seulement ie me plains & me veux mal dequoy,
Mon cueur ne t'a aymé mille fois plus que soy.
 Tels ou semblables mots d'vne bouche mourante,
Tendrement souspirant me dist l'idolle errante:
Tout troublé ie m'esueille, & en me sousleuant,
Je n'embrassay sinon l'ombre vaine & le vent.
Puis me representant les mots & la figure,
Ie deceu mon esprit de quelque bon augure:
Et resolu de viure en seruant ta beauté,
Je me vins renchainer dessous ta cruauté.
 Mais trop mieux m'eust vallu que par l'onde sallee,
En noyant mes ennuis ie fusse deuallee,
Aux champs Elizeans: & par la seulle mort,
Vaincre d'vne Deesse & d'vn grand Dieu l'effort:
Que sous le faux aspect du fantosme d'vn songe,
Me replonger au mal qui mort encor me ronge.

## DIVERS POEMES. 101

Me mettre à la mercy d'vn enfant sans raison,
Qui fol ne prend plaisir qu'a brusler sa maison.
Affin que me rangeant dans ce mortel encombre,
I'accreusse à mon mal-heur, des mal-heureux le nombre.
　Voila voila que c'est de tromper son bon heur,
Sous vne folle peur qu'enfante cest honneur,
Qui n'est iamais blecé que par la mesme honte.
Car puis que le vainqueur dont la dextre nous dompte,
Est pour Dieu recogneu : puis qu'il dompte les Dieux,
Qu'il regit l'vniuers, qu'il fait mouuoir les Cieux,
Que les eaux, & les bois, luy font obeissance,
Qu'il est Roy de noz cueurs : & que sous sa puissance,
Il nous brusle ou englace : & par mille actions,
Il va tenant la bride à noz affections.
Bref puis qu'il a du Ciel tiré son origine,
Il faut que de l'amour l'essence soit diuine :
Il le faut preferer à l'honneur terrien,
Car l'humain au diuin ne se refere en rien.
　Or à Dieu ie m'en vais à courses vagabondes,
Repasser des enfers les implacables ondes :
Je m'en vais en vn lieu où le Soleil ne luit,
Ains où dure tousiours vne eternelle nuict.
　Ja desia ie te voy pleine de repentance.
Forcener apres moy pour faire penitence.

Cc

# LIVRE TROISIEME
## PLAINTE DE TELIE A ECO.

Ostesse des rochers, des antres, &
   des bois,
Respons, ie te supplie, aux accens
   de ma voix:
Entens ces tristes plains que len-
   tement ie crie,
Sur le bort de cest antre: & me dy ie te prie,
Quel soing, quel ioug, quel trouble, & quelle aspre poi-
Deuore, gesne, aueugle, & meurtrit ma raison. (son,
Car ie sens se courber sous l'orgueil de mes peines,
Mes sens, mon sang, ma chair, mes tandōs, & mes vei-
Mes poulmōs my-dissous mon estomac pantois, (nes.
Qui gesné va gesnant le canal de ma voix:
Laquelle est comme l'eau qui voulant saillir toute
Hors du vaze, est contrainte à sortir goutte à goutte.
   Qui pis est (chaste, Eco,) mes camusets trouppeaux,
D'vn accent tout plaintif semblēt plaindre mes maux:
Et sentir comme moy mon lamentable encombre.
Car fuyāt la frescheur, fuyant l'eau, l'herbe, & l'vmbre
Des grands saulles fueillus: mourans se vont cacher,
Sur le fest soleillé d'vn esgaré rocher:
Où ruminans à part, de leurs voix enrouees,
Halettent (gemissans) mes douleurs endurees.
L'oyseau qui me regarde est de mon mal touché,
Le lieu où ie chemine est aussi tost seiché.
Et comme vn fier torrent court d'vne double trace,
Par les valons herbeux: ainsi dessus ma face,
On voit sans fin rouler deux grāds ruisseaux de pleurs.
                                     Tout

Tout ainsi que l'Auette est repeue de fleurs,
Ie me repais d'ennuis: ie m'abreuue de l'armes,
Ie sens du Ciel vangeur les punissantes armes,
Assaillir mes esprits: & sens naistre dans moy,
Mille & mille souspirs nourrissons de l'esmoy.
Bref ie semble à la nef qui en mer irritee,
De deux contraires vents doublement agitee,
Sent l'implacable effort de deux flots blanchissans,
Qui luy battent d'vn coup les costez gemissans.
Amour ce dompte-tout duquel l'arc tire-flame:
Vn iour pour me dompter s'emparant de mon ame,
D'vn fuzil ensouffré hurta contre mon cueur:
Et feit estinceler cest ardant feu vainqueur,
Dont la foible lenteur, va tesmoignant la force.
Et de l'œil de Tirsis plain d'amoureuse amorce,
M'eslancea mille traits : qui troublans mon repos,
Par ne sçay quelle voye entrerent dans mes os.
   Puis m'ayant hors de moy ma franchise rauie,
M'asseruit à celuy lequel n'aymoit sa vie,
Qu'autant que ie l'aymois: car il m'ayma trop mieux,
Qu'il ne feit onq' son ame, ou son cueur, ou ses yeux.
Les amoureux propos qu'au plus frais des vmbrages,
Il m'aloit redisant en sont sœurs tesmoignages:
Lors mesmes qu'à tous coups contre les saulles verds,
Pour memoire eternelle il escriuoit ces vers.
   Aussi tost on verra toute la mer glacee,
Et se faire vn rocher de son onde amassee:
Aussi tost on verra ce dont tout est enclos,
Se brouiller pesle mesle en vn second cavz:
Et sa claire rondeur d'vne ombre ensevelie,

## LIVRE TROISIEME

Que du cueur de Thirsis s'efface sa Telie.
 Mainte-fois luy & moy en gardāt noz trouppeaux,
Ore au frais d'une pree, & ore au long des eaux:
Nous auons veu sortir mille & mille Driades,
Mille Nymphes des eaux, mille & mille Oreades:
Et la chaste Diane abandonnant les bois,
Quitter honteusement son arc, & son carquois.
Qui bruslante d'amour, errante, vagabonde,
Tantost parmy l'herbage, ou tantost parmy l'onde,
Forcenoit de furie: & par mille actions,
Le rendoit plus certain de ses affections:
Bien que ce fust en vain, car sa ieune constance,
N'en fut onque esbranlee, ains leur feit resistance.
 Mais helas aussi tost dont ie pallis d'horreur,
Leur amour se tourna .n ardante fureur:
Et pour mieux assouuir leur effrenee enuie,
En malheurant mes ans luy osterent la vie.
 Vray est qu'en trespassant en sa plus grand langueur,
Entrouurant sa poitrine il arracha son cueur:
Disant d'vn foible poux tien, tien, chere Telie,
Que viuant i'ay aymé plus que ma propre vie:
Reçoy mon triste cueur pour gage de la foy,
Qui m'a d'vn sainct lien obligé enuers toy.
Et si auec le tien cherement il demeure,
Bien que i'aille au tōbeau ne crains point que ie meure:
Car ie viuray dans toy, & malgré le destin,
Ie ne seray iamais de la mort le butin.
 Alors la larme à l'œil & d'vne voix tremblante,
Cognoissant ia la mort de son trespas sanglante,
I'approchay de sa couche: & luy prenant la main,
Ie luy

Je luy dy, cher Tirsis, si le sort inhumain,
S'aigrit encontre toy: & si l'ardeur fatale,
Me veut charger le chef d'une peine iournalle.
Je te prie & supplie aumoins chere moitié,
Que dessous ton tombeau loge nostre amitié:
Et croy qu'il n'y aura nulle amoureuse flame,
Qui ayt iamais pouuoir d'esguillonner mon ame.
Acheuant ie me baisse, & voulant l'embrasser,
Je senty, le baisant, son ame se glisser,
Dedans mon estomac: & son corps nud de force,
Demourer sans chaleur comme une veine escorce.

 Puis detestant le sort, la nature, & les Dieux,
J'esleuay ma clameur vers la voute des Cieux:
Criant à haute voix, ô mal-heureuse Lune,
Pourquoy prens tu plaisir en ma triste infortune:
Ainsi l'on te rauisse en te priuant d'amy,
Le bel Endimion dessus l'alme endormy.
Ainsi puisse Medee, ou quelque enchanteresse,
T'arracher hors du Ciel par sa voix charmeresse.
Ainsi puisse tousiours quelque nuage obscur,
S'opposant à ton cours maistriser ta vigueur.

 Et vous follastres sœurs qui par monts & vallees,
Au plaisir de l'amour courez escheuelees:
Puissiez vous forcener, & sans aucun plaisir,
S'accroistre en vous bruslant vn importun desir.

 Et puissiez vous encor, vous hostesses des ondes.
Voir argenter le poil de voz perruques blondes:
Et par la fiere horreur des vents impetueux,
Vous rendre pour tombeau l'Occean fluctueux.
Voila donc (chere Eco) la vangeresse plainte,

C c iij

## LIVRE TROISIEME

Qui sailloit lentement de ma poitrine attainte.
Voila donc les souspirs, les sanglots, les regrets,
Heritiers des plaisirs qu'aux antres plus secrets,
Nous cueillions de l'amour: voila ma douce flame,
Estainte dans l'obscur d'vne poudreuse lame.
Voila qui nous fait voir que nature n'a pas,
A chacun des mortels qui marchent icy bas,
Eslargi tout le bien dont ceste humaine vie,
Pouuoit estre à souhait plainement assouuie.
Et que parmy le miel de la prosperité,
Elle a brouillé le fiel de l'infelicité:
Chargeant tout ce qui vit & ce qui prend naissance,
De l'iniure du temps & de son inconstance.
Car tout ce que comprend ce large firmament,
Dans son rond, est suiect à soudain changement.

## CARTEL.

EPVIS que le Daimon qui surmonte les Dieux,
M'a faict idolatrer en seruãt deux beaux yeux:
J'ay trauersé les Mers, i'ay couru les campagnes,
J'ay brossé par les bois, erré sur les montagnes,
Frequenté les deserts, & souuent furieux,
De mille & mille cris importuné les Dieux,
 J'ay cherché des enfers les gouffres homicides,
Pour dompter des fureurs les cruautez auides:
          J'ay

## DIVERS POEMES.　104

J'ay veu des monts bruslants les gosiers ensouffrez,
Defié les Daimons dessous l'Orque engouffrez,
Ardant que quelqu'un d'eux eut assez de courage,
Pour vanter son tourment estre esgal à ma rage.
　J'ay encor' appellé les esprits des amans,
Qui errent bien-heureux loing des mortels tourments
Aux champs Elyseans: pour prouuer si leurs dames,
Esgalloyent en beauté la source de mes flames.
Mais ny les Dieux hautains, ny les monstres hideux,
Les hommes, les Daimons, & les manes ombreux
N'ont iamais comparu: & nul n'a sur la place,
Osé tenter l'effect de ma iuste menace.
　Ainsi doncq' le Ciel, la Terre, & les enfers,
N'ont que moy pour amant: comme cest vniuers,
Vn vnique Soleil, & ma dame est sur terre,
La plus rare beauté que l'vniuers enserre.
　Tout me craint & me veult, tout me cherche & me
Ma Dame est des mortels & le iour & la nuict: (fuit,
Seul ie sçay mon penser, seul ie celle ma flamme,
Seul en ma passion, seul qui ayme ma Dame,
Seul digne de l'aymer, seul qui cherche tousiours
De viure en la seruant sans espoir de secours.
Seul qui sçait adorer vn œuure si parfaicte,
Seul qui meurs bien content, seul dont l'ame est suiecte,
A ta diuinité: seul en heur & mal-heur,
Seul qui ne peult ceder à nul autre en valleur,
Et bref seul qui recherche aux despens de sa vie,
De vaincre les rigueurs, les destins, & l'enuie.
　Affin que mes combats portez dans l'Orizon,
Remplissent du Soleil l'vne & l'autre maison:

Murmurant qu'en despit de Pluton & Neptune,
J'ay par terre,& par mer,surmonté la fortune:
Et de mainte rencontre esprouué les fureurs.

Ie n'ay que trop receu d'apparentes faueurs,
Sources du feu cruel qui m'embrase les veines:
Et n'ay que trop d'apasts pour accroistre mes peines.
Peines las que ie veux malgré l'iniuste sort,
Celer dedans le cueur iusques apres ma mort:
Et que ma loyauté en viuant estouffee,
Apres l'amer trespas me serue de Trophee.

Or doncq' si de quelqu'vn le courage enflamé,
Gros,enflé de l'honneur,& de gloire affamé,
Soustient la liberté:ie luy feray paroistre,
Que l'amour est des Dieux & des hommes le maistre,
Et que tout est suiect à son diuin pouuoir.
Ou si quelque assaillant s'obstinoit de vouloir,
Comparer son tourment à l'amoureux martyre:
Je mourray sur le champ,ou l'en feray desdire.

## SATYRE.

M V se retire moy du prophane vulgaire,
A qui ie ne plais point & qui ne me peut
plaire:
Et pour d'vn plus haut bruit faire esclat-
ter ma voix,
Resouffle en moy l'esprit de ce grand Vandomoys,
Puisque i'ay par mes vers r'engendré sa Cassandre:
Dont le cry prophetique,& la muette cendre,

*Se cou-*

Se couuoient pesle mesle au plus creux des tombeaux:
 Car ia desia ie voy les mal-heureux flambeaux,
S'esbranler dans les poings de l'ardante Megere,
Et de l'horrible enfer la trouppe carnagere,
Teindre ses bras meurtriers dans nostre propre sarg,
Et fielleuse en noz maux nous arracher du flanc,
Les boyaux deschirez par les lames rougies.

 Ie voy ie voy le iour où les trames ourdies,
Par le fil de vingt ans se doiuent expirer
Dans le poinct mal conceu, ou cuidoient aspirer,
Les lions engloutis: (non des chiens Tritonides,
Ains de l'Orque beant en cent gosiers auides.

 Helas tige Troyen tu soustiendras le faix,
(Bien qu'inocent) des maux que tes ayeuls ont faits,
Laissant à tes nepueux de mal-heureux exemples:
Iusqu'à ce que des Dieux tu repares les Temples,
Dessus eux mesme enterrez: que leurs sacrez pauez,
Pourprez du sang humain soient de tes pleurs lauez:
Et que sur les autels les images versees,
Des sacrileges mains soient encor redressees.

 Crains donc le bec de l'Aigle, & le reuere affin,
Qu'en ton commencement, ton millieu & ta fin,
Il suporte ton bras: car les puissances hautes,
Ialouses de l'honneur, ont pour punir tes fautes,
Accré tous les traits qui te vont accabler.

 Ia par deux fois trois fois on a veu redoubler,
Le cours des Ours cruels dans le cueur de la France,
Pour pompeux triompher de sa riche affluence:
Pour proye de leurs dents te voir humilier,
Et leur corps de maint tour en escharpellier,

De l'or que tu leur dois,(fait nouueau tributaire,)
Et tu n'as ce pendant pour payer le salaire
De ceux à qui le front distille de sueur,
Ardans de releuer ton antique grandeur.
 Pauure ne vois tu pas? Et ne vois tu pas ores,
S'auancer à ton dam les pieds-legers Centaures,
Et les Tritons aellez,qui par terre,& par mer,
L'vn sans cesse de courre,& l'autre de ramer,
Viennent du front royal rauir l'or qui fleuronne,
Or qu'il cuide amortir le discord qui bouillonne,
Au plus creux de tes flancs;& fol tu ne veux pas,
Contre ces rauisseurs braue auancer tes pas.
 Non non ie ne croy point qu'vn enfant legitime,
Peust saccager sa mere:& sans en faire estime,
La veit fouler aux pieds d'vn voisin orgueilleux.
Mais le mal-heur qui suit ce ciecle mal-heureux,
Trop fecond en pechez, par ses iniques traces,
A souillé les saincts licts, & confondant les races,
De tes premiers ayeuls atterré leur valeur.
De ceste source donc est issu le mal-heur,
Qui reflotte espandu sur toute la patrie.
 A peine du berceau la fille ore sortie,
Sçait conduire ses pas,que l'impudicité,
Se lit dessus son front,& le pris limité,
De son naissant honneur,sont les folles cadances,
Et le marcher nombreux des impudiques dances.
D'employer tout son soing,se priuer du repos,
A se faire le pied plus que l'esprit dispos,
Pour l'honneur d'vne volte,& comme les baccantes,
En leurs folles fureurs remarcher les courantes.
              Voila

## DIVERS POEMES.

Voila leur frontispice en leur premier bon heur,
Qui se couronne enfin auec leur deshonneur,
Par vne Catastrophe au triple vergongneuse.
 Bruslante, impatiente, elle se rend soigneuse,
D'apprendre en cent façons l'incestueuse amour:
Et ia venue de honte espie nuict & iour,
Pour estaindre son feu quelque ieune adultere.
Et pendant qu'vn mary, ou vn frere, ou vn pere,
Suent sous le harnois, & parmy les dangers,
Taschent ioindre à leurs fronts l'hôneur des estrangers.
Sans amour de l'honneur, sans respect, & sans crainte,
Donne au premier venu sous la lumiere estaincte,
L'illicite plaisir: ore à vn seruiteur,
Ore au libre banquier trop prodigue acheteur,
De l'honneur d'vne dame: ore marchant auare.
Et se laissant guider au desir qui l'esgare,
Dans le lict faict commun engendre des enfans.
 Mais las ce ne sont pas de ceux qui triumphans,
Sur le front du Romain par l'aigu de leur lance,
Engrauerent les loix & les gloires de France.
 Qui iusques dans leurs ports ont couru les Anglois,
Qui sur Xanthe ont planté les bornes du Françoys:
Et fait trembler au ply d'vne picque aceree,
Des rugissans sieureux la nourrisse alteree.
 Ains le trouppeau rustiq' des brusques Frantaupins,
Bien appris à porter les gros bras des sapins,
Par l'austere vouloir d'vne seuere mere:
Alors que le Soleil pere de la lumiere,
Change l'ombre des monts, & les chasse aux maisons:
Ayant d'vn masle bras remué les gasons,

       D d ij

Ou enfoncé profont le coutre dans la Terre:
Qui sçauoient suporter les trauaux de la guerre,
Endurer fain & soif, sec, moiste, chaut & froit,
Qui sçauoient eslargir le plus serré destroit,
Trencher les grands rochers, destourner les Riuieres:
Et bref c'estoient ceux là dont les dextres guerrieres,
Atterroient l'estranger, qui venoit tous les iours,
Se iettant à leurs pieds, implorer leur secours,
Et craintif se ranger sous le François Empire.

 Mais est il rien ça bas qu'enfin l'âge n'empire,
Noz peres nous ont fait beaucoup pires qu'eux tous,
Qui ferons des enfans encor pires que nous.

## TROIS SONETS AV SIEVR DV PERRON.

### I.

Ie ne sçay mon Perron quelle peste mortelle,
 Apostume les flancs de trois mastins hurlans:
 Qui herissant leurs cols asprement violans,
 Me grondent nuict & iour vne horrible querelle!
L'vn d'vne doix de chien impudemment cruelle,
 Abaye contre moy: l'autre d'ongles sanglans,
 Me deschire la peau, & le tiers d'aspre-dents,
 Me deuore goulu le foye & la ceruelle.
Voy donc docte Perron comme ore ces Corbeaux,
 Crouassent affamez: ou comme ces pourceaux,
 Se vantrouillent en vain dans leur infecte bourbe.
Car ie voy que l'effort de leur folle fureur,
 Ne sçauroit esbranler le roc de ma valeur,
 Remparé d'vn Perron qui seul m'est vne tourbe,

## DIVERS POEMES.

### II.

Le vainqueur du destin, l'indompté monstricide,
   Auquel Iunon trama mal-heur dessus mal-heur:
   Hoste encor du berceau pour son premier labeur,
Suffoqua des Serpens la cholere homicide.
Moy né des bas mortels que l'humilité guide,
   Trois frellons font la guerre à mon naissant honeur:
   Dont la forte Palas d'une feinte fureur,
Destourne en se mocquant la poinçonneure auide.
Les grands sont assaillis d'un plus violent sort,
   Que les simples priuez: mais au contraire effort,
   La deité se rend esgallement vtile.
Donc si leur esguillon contre moy s'eslançoit,
   Palas romproit le coup: comme elle repoussoit,
   Les traits q̃ les Troyens descochoient cõtre Achille.

### III.

Non non ie ne crains point leur sotte outrecuidance,
   La magnanimité suit le cueur genereux:
   J'ayme mieulx leur fureur, qu'en leur trouppeau
Miserable mõter sur le mont d'ignorãce. (honteux,
Je veux suiure les pas du grand Prestre de France,
   Affin de consacrer ma memoire aux nepueux:
   Appendre à son autel & au tien tous mes vœus,
Et faire de Palas ma plus seure deffence.
Le Soleil se leuant est trop plus adoré,
   Que lors qu'il rend le Ciel d'estoilles redoré:
   Mais à toute clairté la louange est commune.
J'excuse mon Perron l'erreur qui les conduit,
   Car voellez du manteau d'une eternelle nuict,
   Ils veulent (comme on dit) iapper contre la Lune.

                      D d iij

LIVRE TROISIEME
EPIGRAMES TRADVITS DV
GREC, AV SIEVR DE RI-
VASSON.

ι πνώδς ὦ ταῖρε τὸ δὲ σκύφος αὐτὸ βοᾶσι.

**T**V dors mon Riuaſſon & ce verre t'ap-
pelle,
Diſant, veille & bannis le ſoing qui te
martelle,
Plonge & replonge toy dans le ſein de ce Dieu.
Veille donc & boy tant que le genouil te tremble,
Auant que la vieilleſſe à tes temples ſ'aſſemble,
Nous irons pour long temps dormir en autre lieu.

Καὶ πίε κ̀ τέρπου δημόκρατις οὐ γὰρ ἐς αἰεί.

Beuuons mon Riuaſſon & rions, car touſiours
Ne dure de noz ans le miſerable cours,
Ornons noz chefs de fleurs & d'huilles precieuſes,
Auant que noz amys marchant à triſtes pas,
Viſitent noz tombeaux: & qu'apres le treſpas,
L'eau vienne rebaigner noz cendres otieuſes.

Οὔ μοι πληιάδων φοβερὴ δύσις οὐδὲ θαλάσσης.

Les horreurs de la nuict, ny la mer eſcumeuſe,
Qui couure des rochers la teſte audacieuſe,
Lors que ſon flot eſmeu frappe le front des Cieux:
Ny meſmes quand Iupin greſle, foudroye, & tonne,
Ne me font tant de peur qu'vne feinte perſonne,
Ou celuy dont Baccus ne charme point les yeux.

Ποίμαι

Πίομαι ὦ λιναῖε πολὺ πλέον ἢ πίε κύκλωψ.

Je boy plus que n'a beu le Ciclope aime-sang,
Lors que de chair humaine il a remply son flanc,
A mon vueil que frappant sur la teste infidelle,
De celuy qui gousta le sang de ses amys
Ayant le noir venin en leur breuuage mis,
Dedans son tais froissé i'eusse beu sa ceruelle.

Σφάλλομαι ἀκρήτῳ μεμεθυσμένος, ἀλλὰ τις ἀρῴ.

Estant vaincu du vin ie tremble? mais qui est ce,
Qui m'en pourroit sauuer si i'en suis transporté?
C'est un iniuste Dieu qui me flatte & me blece:
Duquel en le portant ie me trouue emporté.

Ἤθελον ἂν πλυτεῖν ὡς πλούσιος ἰῶποτε Κροῖσος.

Je voudrois de Cræsus posseder les tresors,
Ie voudrois estre Roy de la puissante Asie,
Mais quand ie voy bastir les sepulchres des morts,
Ie quitte ces grandeurs pour vne douce vie.

LIVRE TROISIEME
## EPITAPHE DE TROIS
GENTILS-HOMMES FRERES
DV LATIN D'AVRAT.

VN tombeau tient les corps de trois grāds heros freres,
Que de trois deitez la faueur feit prosperes :
Mars valeureux apprit le premier aux combats,
L'autre fut excellent aux beaux arts de Palas,
La fortune eut le tiers, des sa saison nouuelle
Esleu pour secourir sa couple fraternelle.
L'vn entre les assauts fut rauy aux mortelz,
Gardant de son païs le. jeus & les autelz.
L'autre iuste & clement, sous Palas fauorable.
Cherchant de Iupiter le secret admirable,
(Pour ne voir à ses yeux son païs desolé,
Par la flame & le fer:) aux autres est vollé.
Et le tiers combatant, aueq' seize gensdarmes,
(Trois cens:) fut enleué par le Dieu des alarmes.
Trois ames sont au Ciel, la terre tient trois corps:
Mars, Palas, & Fortune, accompagnent ces morts.

### FIN.

TABLE DES OEVVRES DE CLOVIS
Hesteau Seigneur de Nuysement.

LIVRE PREMIER.

Tances en faueur de l'Academye, à Mōsieur. fol. 1.
Les Gemissemens de la France au Roy feuil. 4.
Palas, à Monsieur f. 12.
Hymne a la fortune f. 16.
Ode Pindarique à Monsieur, sur ses Victoires. fu. 19.
Autre Ode à Monsieur. fu. 25.
Sonet à Monsieur f. 25.
Autre Sonet à Monsieur. fu. 26.
Ode à Monsieur, sur vne course fu. 26.
Hymne au Roy sur la paix fu. 28.

### LIVRE SECOND
AMOVRS.
SONETS.

A.

Affin qu'à l'aduenir. f. 43.
Ah que ie sens le feu. f. 47
Amour pour se venger. fu. 34.
Amour pour foudroyer. au mesme.
Amour qui vous f. 51
Auoir pour geniteur. f. 36

Auoir d'vn bref repos. fu. 41.

C.

Ce ne fut des le iour. f. 39
Ce fut vn Vendredy. f. 45
Ces beaux yeux dont amour fu. 47.
Cessez voz bruits sanglans fu. 49.
Comme on voit en esté. fu. 35.
Comme le Nauple veit. fu. 47.
Comme on voit vn cheureuil fu. 48.
Combien cōbien de fois. au mesme.

D.

D'autant qu'vn signe passe fu. 41.
De Pampre est couronné fu. 36.
De la sime des monts. fu. 43.
Des globes Ætherez. fu. 49.
D'vne lente froideur. f. 41.
D'vne incroyable amour fu. 35.
Du Soleil radieux. fu. 40
Duport veux tu sçauoir. f. 54.

E e

## TABLE.

### E.
Eco piteux Eco. fueil. 45.
Elle marche à lents pas. fueil. 53.
Encor que le destin. f. 46.

### F.
Forcèt or mes mal-heurs. fueil. 33.

### H.
Helas diuine face. fu. 42.
Helas donnez moy treue fueil. 44.
Helas i'ay tant prié. f. 51.
Helas helas pourquoy. fueil. 56.
Helas cher du Plessis. f. 56
Heureuse la victoire. f. 41.

### I.
I'appellay mes esprits. f. 53
I'ay trop plus merité. f. 47
Iamais l'homme n'est sa-ge. fueil. 52.
Ie ne suis point ce Dieu. fueil. 32.
Ie ne puis trouuer paix. fueil. 38.
Ie ne sçay que ie veux. fueil. 52.
Ie suis las de penser. f. 44.
Ie veux forcer mes mains fueil. 42.
Ie voudrois comme vn Dieu. f. 55.
Ie voy certainement. f. 55.

### L.
Las madame faut-il. f. 42.
La saincte affection. f. 46.

La forte passion. f. 51.
La nature a donné. f. 56.
Le vautour affamé f. 38.
Le seul obiect sacré f. 39.
Les Dieux ne doiuét pas. fueil. 39.
Le tresle presageant. f. 50.
Lors qu'espris de ce feu. fueil. 56.
Lors qu'amour contre moy fueil. 46.
Lors que le clair Soleil. fueil. 44.
Luth fidelle confort. f. 43

### M.
Maintenant que le Ciel. fueil. 50.
M'as tu esprouué tel. 37. fueil. 37.
Mon brouant ie ne puis. fueil. 55.
Mon Dieu que de beau-tez fueil. 55.

### N.
N'ayant encor senti. f. 52.
Ne fais point mon tom-beau fueil. 57.
Nous sommes engédrez. fueil. 40.

### O.
O bien heureux bessons. fueil. 48.
O brandons amoureux. fueil. 45.
O diuine beauté. fol. 33.
O Dieux puisque sa for-ce fueil. 43.
O Dieux

TABLE.

O Dieux que sens-ie en
  moy.      fueil. 36.
O Dieu qui as le soing.
  fueil. 46.
O bel œil      fueil. 35.
O que peu m'a serui. f. 42.
O viue & sainte flame.
  fueil. 48.

P.

Par ce fer outrageux. f. 58.
Passans ne cherchez plus.
  fueil. 49.
Puisse en despit du Ciel.
  fueil. 58.

Q.

Quãd ie voy sur son chef.
  fueil. 50.
Quad l'or de tes cheueux
  fueil. 40.
Quãd le Dieu perruqué.
  fueil. 40.
Quand le grand œil du
  Ciel      fueil. 40.
Quãd les rocs parleroiẽt.
  fueil. 53.
Quand d'vn fort desastre.
  fueil. 50.
Quelle Nymphe est ce.
  fueil. 57.
Quel feu tousiours brus-
  lant      fueil. 58.
Quoy vous l'auez donc
  dict      fu. 57.
Quiconque voudra voir.
  fu. 53.
Qui sera le chiron. f. 54.

S.

Si comme l'Ascrean. f. 34
Si tu as sur le flanc  f. 35.
Si ce fut ta beauté.  f. 35.
Si l'amour la brusla f. 57.
Si ie chante ces vers. f. 58.
Si ie vis par la mort. f. 54.

T.

Ta vertu, ta bonté.  f. 34.
Telle veux tu voir  f. 39.
T'esbahis tu si min  f. 52.
Tousiours de Iupiter. f. 57

V.

Vlysse s'embarquant. f. 54
Vn grand voelle obscur-
  ci      fu. 55.
Vous qui d'vn seul clin
  d'œil      fu. 51.
Vous grands Dieux qui
  domptez      fu. 5.
Vous rochers cauerneux.
  fu. 49.

*Fin des Sonets.*

Priere      fu. 58
Stances      fu. 59.
Autres stances.  f. 61.
Dialogue      f. 64.
Ode      fu. 65.

*LIVRE TROISIE-
me diuers poemes à ma
Damoiselle d'Atry.*

Sonet      fu. 67.
Chant pastoral  f. 67.
La Metamorphose du fi-
guier, a Madame de

E e ij

## TABLE.

Sauue fu.73.
Reproches de Medee à Iason fu.80.
Enchantemens au Sieur de Beauioyeux f.88.
La ialousie de Canidie à Telie f.92.
Acherontide à Telie. f.98
Plainte de Telie à Eco. fu.101.
Cartel fu.103.
Satyre fu.104.
Trois sonets au Sieur du Perron f.106.
Epigrammes traduits du Grec, au Sieur de Riuasson f.107.
Epitaphe de trois gentils-hommes freres du Latin d'Aurat f.108.

FIN.

www.ingramcontent.com/pod-product-compliance
Lightning Source LLC
Chambersburg PA
CBHW060127170426
43198CB00010B/1071